현대 일본 경제와 사회

일본을 읽는 책 ❶
현대 일본 경제와 사회

초판 1쇄 인쇄일 _ 2006년 12월 15일
초판 1쇄 발행일 _ 2006년 12월 20일

지은이 _ 김성도
펴낸이 _ 최길주

펴낸곳 _ 도서출판 BG북갤러리
등록일자 _ 2003년 11월 5일(제318-2003-00130호)
주소 _ 서울시 영등포구 여의도동 14-5 아크로폴리스 406호
전화 _ 02)761-7005(代)
팩스 _ 02)761-7995
홈페이지 _ http://www.bookgallery.co.kr
인터넷 한글주소 _ 북갤러리
E-mail _ cgjpower@yahoo.co.kr

ⓒ 김성도, 2006

값 7,500원

* 이 책은 〈바로건축사사무소〉 도형석 소장의 지원으로 만들었습니다.

* 저자와 협의에 의해 인지는 생략합니다.
* 잘못된 책은 바꾸어 드립니다.

ISBN 89-91177-28-X 03320

일본을 읽는 책 ❶

현대 일본 경제와 사회

김성도 지음

BIG 북갤러리

19세기 근대기를 전후한 시기의 우리나라 전통 건축에 대한 연구 성과를 바탕으로 필자는 한국과학재단의 지원을 받아 니혼대학교(Nihon Univ.)에서 그 범위를 넓혀 같은 시기의 일본 전통 건축을 대상으로 한 연구를 하였다. 이 연구를 수행하면서 건축의 배경이 되는 19세기 당시 일본의 사회, 사상 등과 관련된 선행적인 인문학 분야의 학술 연구 성과가 국내 학계에서 거의 이루어지지 않았기에, 일본 현지에서 건축 분석에 앞서서 상당히 오랜 시간을 그 인문학적 연구에 할애하여야 했다.

귀국 후 연구 성과를 학술 논문집에 발표하면서 필자는 이를 바탕으로 일본의 근·현대 사회와 문화에 대하여 개인의 주관적 시각이 아니라, 기초 자료 분석에 바탕을 둔 객관적인 시각으로 이해하기 쉽게 서술할 필요성을 느꼈다. 특히 필자가 도쿄에서 머물렀던 2002년부터 2004년에는 일본 내에서 많은 변화가 있었던 시기이기에, 이를 제대로 전달할 필요성도 있었다.

이에 따라 '일본을 읽는 책'이라는 타이틀 아래 시리즈로 발간할 계획을 세우고, 우선 첫 편으로서 《현대 일본 경제와 사회》를 펴내게 되었다.

한일 두 나라 사이의 상호 교류 속에서 갈등의 파고가 전례 없이 높아지는 요즈음, 일본에 대한 이해는 그 어느 때보다 중요할 수밖에 없다. 그렇기 때문에 이 책이 일본을 이해하는데 미력이나마 도움이 된다면 필자로서는 더 이상 바랄 바가 없겠다.

끝으로 이 책이 있기까지 옆에서 언제나 조언을 아끼지 않은 아내에게 이 자리를 빌려 고마움을 전하며, 이 출판을 위해 어려움을 마다 않고 애써 준 도형석 소장에게 거듭 감사함을 전한다.

2006년 10월 22일
쓴사람 김성도

$\mathcal{C}$ontents

현대 일본 경제와 사회

애브글린 (James C. Abegglen[1]) 박사는 1955년 일본에 들러 기

---

1) 1925년 미국에서 태어났으며, 시카고대학에서 인류학 및 임상심리학 박사학위를 취득하였다. 이후 하버드대학에서 라이샤워(Edwin O. Reischauer) 교수로부터 지도받은 후, 1955년 일본에 들러 일본 각지에 있는 공장을 방문하였고, 일본 기업 경영을 정리해 1958년에 《日本の經營》을 발표. 1965년 보스턴 컨설팅 그룹(BCG) 설립에 참여하여, 일본 지사 초대 대표를 맡았다. 1982년부터 일본에 계속 머무르며 컨설팅회사를 경영하면서 上智大學에서 강의하고 있으며, 1997년에 일본 국적을 취득하였다.
참고로 하버드대학에서 그를 가르쳤던 교수 중 한 사람인 라이샤워(Edwin O. Reischauer)는 선교사의 아들로서 1910년 東京에서 태어나 만 17세까지 거주하였으며, 1938년 入唐求法巡禮行記 연구로 박사학위를 받은 후, 하버드대학에서 교수로 재직하였다. 사쯔마한(薩摩藩) 출신으로서 메이지(明治)정부에서 內大臣(1885년 내각제도 창설에 따라 행정부에서 독립해 설치된 궁중 관직. 일본 국왕을 보좌)을 지냈던 마쯔카타마사요시(松方正義)의 손녀인 마쯔카타하루와 결혼하였고, 주일미국대사와 하버드대학 일본연구소(Japan Institute ; 1985년 라이샤워일본연구소〈Reischauer Institute of Japanese Studies〉로 개칭) 소장 등을 역임한 바 있다. 제2차 세계대전

업을 조사한 후 1958년 출판한 자신의 저서(《日本の經營》)를 통해 일본 사회의 특징을 종신 고용,[2] 연공서열, 기업 노조로 요약한 바 있다. 이후 그는 반세기 가까이 흐른 2004년 12월, 새로운 저서(《新·日本の經營》)를 내면서, 일본 기업을 재조사한 결과를 내었다. 그리고 〈요미우리신문[3]〉을 통해 조사 결과에 대해 자신이 갖고 있는 생각을 밝혔다.

이것을 보면 그는 우선 일본 기업들이 갖고 있는 가치관에 여전히 변함이 없으며, 현재도 일본 사회가 종신 고용 관계를 중요하게 여기고 있음을 언급하고 있다. 그러면서 이 제도가 변하였다고 여겨지고 있는 이유로 일본 직장인이 높은 직업 안정도에도 불구하고 고용에 불안을 느끼고 장래를 비관적으로 생각하는 경향이 있는 것과 파트타임 노동자와 아르바이트생 및 파견 노동자가 많아진 것을 요인으로 들면서, 정식 종업원인 경우에는 여전히 종신 고용임을 거듭 강조하고 있다.

또한 그는 미국 회사의 경우 종업원을 위해서가 아니라 경영진과 대주주를 위해 존재하고 종업원 일자리가 없어져도 상관하지 않는 반면, 일본 회사의 경우 주주도 중요하게 여기지만 배당금 지불 후

당시인 1942년 9월 14일자 메모에서 그는 당시 미일 전쟁 후 히로히토왕을 중심으로 꼭두각시 정권을 삼을 것을 육군본부 차관 등에게 제언(加藤哲郎, 1942年 6月 '米國 「日本プラン」と象徵天皇制' 참조)하기도 하였으나, 이후 일본을 적극 옹호하는데 앞장섰다.

2) 원래 그는 기업과 종업원간 사회 계약을 '종신 관계'로 이름지었는데, 이것이 일반에게는 법률계약적인 종신고용제로 불리게 되었다고 〈요리우리(讀賣)신문〉과의 면담에서 밝히고 있다.

3) 〈讀賣新聞〉, '特集ニュース「日本の社會 人間的」', 2005年 3月 30日

남은 나머지를 종업원과 회사 장래를 위해 사용해야 한다고 생각하고 있음[4]을 거론하였다. 그러면서 미국 회사에서는 최고경영자의 연간 소득이 일반 종업원의 500배 이상도 있지만, 일본과 독일에서는 9~11배로서 인간적인 체계라고 밝히고 있다.[5]

애브글린 박사는 일본 기업 분석을 통해 50년 전과 비교하여 그 가치관에 크게 변화가 없는 보수성에 주목하면서 일본을 부가 분배되는 사회로 이해하고 있음을 알 수 있다.

그런데 일본에서 임원의 연간 소득과 관련된 자료를 보면 최근 일본 내 주요 기업 100곳에 소속한 임원의 평균 급여는 약 3,200만 엔으로, 그 종업원의 평균 급여와 비교할 때 4배 정도 되고 또 근로자의 평균 수입과 비교할 때 7~8배 정도 되는 것으로 발표되었다. 이 가운데 닛산자동차의 경우처럼 임원 보수가 1인당 평균 2억 3,500만 엔에 이르는 것도 볼 수 있다.[6]

---

4) 애브글린 박사는 일본 내 기업주와의 면담을 분석하여 이 결론을 내리고 있다.

5) 2001년 8월 1일자 〈닛케이킨유우(日經金融)신문〉에는 경영컨설팅회사인 타워스페린(towersperrin)에서 조사한 결과로서 미국과 영국, 일본 등 여러 나라의 2000년도 연간 총수입을 비교한 것을 게재하고 있다. 이것을 보면 미국의 경우 최고경영책임자는 1,403,899달러로서 노동자(44,680달러)의 31.4배이며, 영국의 경우에는 최고경영책임자가 719,665달러로서 노동자(28,874달러)의 24.9배에 이른다. 이에 대하여 독일의 경우 최고경영책임자는 421,622달러로서 노동자(36,934달러)의 11.4배이고, 일본의 경우에는 최고경영책임자가 545,233달러로서 노동자(51,997달러)의 10.4배로 나타난 것을 볼 수 있다.

6) '平成16年習志野市議會第3回定例會會議錄(第7互)' 및 〈日本經濟新聞〉(2004. 7. 3) 참조

참고로 PRESIDENT 15호(2003년 12월)에서는 일본 기업 3,600곳을 대상으로 직장인들의 평균 연수입과 유명 기업 70곳을 대상으로 임원 보수 등을 조사하였는데, 여기서 닛산 임원의 보수 평균은 1억 4,611만 엔인 것을 볼 수 있다. 또 政經硏究所가 회사

　　반면 근로자의 연간 소득은 기업 규모별로 볼 때 2001년 기준으로 자본금 2,000만 엔 미만의 주식회사에서는 406만 엔(남성 488만 엔, 여성 253만 엔, 평균 근속 연수 11.1년)이고, 자본금 10억 엔 이상의 주식회사에서는 615만 엔(남성 721만 엔, 여성 313만 엔, 평균 근속 연수 14.8년)이며, 개인 기업에서는 268만 엔(남성 339만 엔, 여성 230만 엔, 평균 근속 연수 12.7년)으로 나타난다. 또 종업원 10인 미만인 사업소에서는 354만 엔(남성 446만 엔, 여성 248만 엔, 평균 근속 연수 13.6년), 종업원 5,000명 이상인 사업소에서는 584만 엔(남성 747만 엔, 여성 264만 엔, 평균 근속 연수 14년)인 것을 볼 수 있다.[7] 근속 연수와 관련해서는 입사 1년차에서 4년차인 경우, 평균 연간 급여가 318만 엔(남성 398만 엔, 여성 226만 엔)으로 나타나고 있다.[8]

212곳을 대상으로 2003년 11월 조사 집계한 자료에서 사장의 연간 수입(상여 포함)은 약 2,600만 엔으로, 신입 사원의 10배 정도 되는 것으로 나타났다. 또 종업원 1,000명 이상의 상장 기업을 대상으로 하면 사장의 연간 수입은 4,000만 엔 이상으로서, 신입 사원의 16배 정도가 되었다. 이와 관련하여 經營戰略硏究 2005 Vol. 3「藤永恭夫, 役員の報酬と役割」 p.69 참조할 것

7) 자료 : 國稅廳 統計情報 － 1年を通じて勤務した給與所得者(http://www.nta.go.jp/category /toukei/tokei/menu/minkan/h12/03.htm) 참조할 것. 이 자료에는 1991년부터 2001년까지의 연간 소득을 확인할 수 있다. 이를 통해 거품 경제의 붕괴와 함께 소득이 감소 추세에 있는 것을 살펴볼 수 있으며, 이는 아직까지 진행형이어서 현재 일본에서는 근속 연수 증가에 따라 급여가 올라가지 않는 경우가 많으므로, 국세청 자료의 근속 연수 증가에 따른 고소득자의 급여 내용은 기존 기득권층에 해당하는 것으로 볼 수 있겠다.

8) 앞의 자료. 2001년 기준

참고로 일본에서 대학 졸업자의 초임 월 급여는 기업에 따라 16~23만 엔대 정도로서, 대체로 21만 엔대(任天堂 215,500엔, コスモ石油 215,200엔, 三菱化學 211,089

이처럼 선택된 표본 집단에 따라 비교 값이 다양하게 나타나고 다양한 해석이 가능한 상황에서, 오늘날의 일본 경제와 사회 상황을 객관적으로 정확히 이해하기 위하여 주요 사안별로 일본에서 작성된 기초 자료를 분석하여 일본의 현 사회를 살펴보도록 한다.

등)인 것을 볼 수 있는데, 이는 1998년을 기준으로 한 자료로서 이 시기가 평균 급여가 가장 높았던 시점이었던 것을 고려할 때 현재는 이보다 줄어들었을 것으로 판단된다.

GDP 규모와 국가 채무로 본
일본 경제의 위기

일본의 국내총생산(GDP) 규모는 아래 표에서 볼 수 있듯이 500조 엔을 웃돌아 현재 세계 2위에 해당하며, 국세와 지방세를 합한 조세부담액은 2004년 기준으로 77조 엔에 이른다(표 1과 2 참조).[9]

표 1. 과거 10년간 일본 내 국내총생산(GDP)과 실질 성장률

종류 \ 연도	1995	1996	1997	1998	1999	2000	2001	2002	2003	2004	2005
국내총생산(GDP) (단위 : 조 엔)	500.0	514.2	520.6	512.4	508.0	513.2	501.0	497.2	501.3	505.1	511.5
실질 경제 성장률(%)	2.5	3.6	0.5	-0.9	0.6	2.5	-1.1	0.8	1.9	2.1	1.6

---

9) 內閣府 「國民經濟計算年報」 2003年主要國GDP比較
참고로 거품 경제가 꺼진 이후, 경기 침체로 세수가 감소하는 것을 표에서 볼 수 있겠다.

표 2. 연도별 국민소득에 대한 조세부담액과 그 비율(자료 : 財務省主稅局調)

종류 ＼ 연도	1990	1992	1994	1996	1997	1998	2000	2001	2002	2003	2004
조세부담액 (국세+지방세) (단위 : 10억 엔)	96,230 (62,780 + 33,450)	91,964 (57,396 + 34,568)	86,540 (54,001 + 32,539)	90,320 (55,226 + 35,094)	91,756 (55,601 + 36,155)	87,120 (51,198 + 35,922)	88,267 (52,721 + 35,546)	85,517 (49,968 + 35,549)	79,223 (45,844 + 33,379)	76,447 (43,857 + 32,590)	77,008 (44,233 + 32,775)
국민소득 (단위 : 10억 엔)	348,345	369,324	374,069	386,762	390,406	378,554	378,393	367,714	362,863	363,800	365,700
조세부담률 (단위 : %)	27.6	24.9	23.1	23.4	23.5	23.0	23.3	23.3	21.8	21.0	21.1

* 국민소득은 內閣府의 국민경제계산(93SNA)에 의한 실적치임

이러한 가운데 2004년도 일본의 장기 채무 잔고는 표 3에서 볼 수 있듯이 약 740억 엔으로 GDP의 146.5%에 이르며,[10] 또 다른 자료에서는 GDP의 163.5%에 이르는 것을 볼 수 있다(표 4 참조).

표 3. 국가 및 지방의 장기 채무 잔고(자료 : 財務省主計局, 大藏省主計局)

종류 ＼ 연도	1994년도 말 (실적)	1995년도 말 (실적)	2000년도 말 (실적)	2003년도 말 (실적)	2004년도 말 (보정후)	2005년도 말
국가의 장기 채무 잔고	약 269조 엔	약 297조 엔	약 491조 엔	약 525조 엔	약 570조 엔	약 602조 엔
지방의 차입금 잔고	약 106조 엔	약 125조 엔	약 181조 엔	약 198조 엔	약 203조 엔	약 205조 엔
국가와 지방의 중복분	약 7조 엔	약 12조 엔	약 26조 엔	약 32조 엔	약 33조 엔	약 34조 엔
국가·지방의 장기 채무	약 368조 엔	약 410조 엔	약 646조 엔	약 692조 엔	약 740조 엔	약 774조 엔
GDP에 대한 비율	74.8%	82.0%	125.9%	138.0%	146.5%	151.2%

---

10) 여기에서는 우편저금 등을 재원으로 한 財政投融資事業의 借金額을 제외한 국가와 지방의 차금만을 대상으로 하였다.

표 4. 각 나라별 국가 및 지방 채무 잔고(GDP 비율 %)
(OECD Economic Outlook No.64 & No.76)

종류 \ 연도	1995	2000	2001	2002	2003	2004
일본	76.0	134.1	142.3	149.3	157.5	163.5
미국	62.2	58.2	57.9	60.2	62.5	63.5
영국	59.0	45.9	41.2	41.5	42.0	43.4

2005년 1월 1일자 일본인 확정 인구는 약 1억 2천6백만 명 정도인데,[11] 이를 기준으로 할 때 2005년도 국민 1인당 채무액은 약 614만 엔 정도에 이르는 가운데 급격히 증가하고 있는 것을 볼 수 있다.[12]

이러한 재정 적자 문제를 둘러싸고 일본 내에서는 크게 두 종류의 의견을 볼 수 있다. 그 하나는 재정 적자가 구조적인 것으로서 현재의 공채 잔고가 GDP 수준을 넘어선 위기 상황이며, 재정 적자가 더 확대되면 국채 금리가 상승하여 국채의 약 4할을 보유한 민간 금융

---

11) 소오무쇼오(總務省) 토오케이쿄쿠(統計局)의 자료에서 2005년 1월 1일자 일본인 확정 인구수는 126,184천명이고, 총 인구수는 127,636천명이며, 2005년 5월 1일자로 대략 계산한 총 인구수는 127,580천명인 것을 볼 수 있다. 저출산 문제가 큰 사회적 이슈로 대두되는 가운데 2005년에 들어와 예상보다 빨리 인구 감소가 시작된 일본에서 인구 증가 요인이 거의 없으므로, 1억 2천6백만 명으로 대략 추산하여도 큰 무리가 없다고 하겠다. 참고로 〈讀賣新聞〉(人口減少 予想より早かった轉機の訪れ, 2005. 12. 23)과 〈産經新聞〉(人口減少社會 活力失わないよう工夫を, 2005. 12. 23) 및 〈朝日新聞〉(人口減少 悲觀ばかりではない, 2005. 12. 23) 등에서는 전날인 12월 22일 발표된 후생노동성의 인구동태 통계를 인용하여 출생자 수보다 사망자 수가 많아 인구 감소가 시작되었음을 알리는 기사를 볼 수 있다.

12) 여기에는 우편저금 등을 재원으로 한 財政投融資事業의 차금액을 제외하였는데, 요로즈반포오(萬晩報)의 자료(參院選後に絕壁に立つ日本の財政, 2001. 7. 30)에 의하면 2000년도의 이 차금액은 약 400조 엔에 이르는 것을 볼 수 있다.

기관에 손실이 발생하므로 이러한 구조를 개혁할 것을 주장하는 입
장이다(財政再建派).[13] 또 하나는 일본 내에는 1,400조 엔 이상의 개
인 자산이 존재[14]하고, 국가 채권의 95%가 일본 내 소유이므로 여전
히 공채를 발행할 여유가 있다고 보면서 90년대 재정 지출이 없었으
면 상황이 더욱 악화되었다고 주장하는 입장이다(財政出動派).[15]

현재 일본에서는 후자의 의견이 우세한데, 이에 대한 이유로 코바
야시케이이찌로(小林慶一郎)[16]는 〈아사히신문〉에 게재한 그의 글[17]
에서 공공사업에 의존하는 기업 등의 목소리가 반영되는 것과 함께
전통적으로 정부에 기대는 일본인의 의식에 있다고 밝히고 있다.[18]

---

13) 이는 재정 금융 정책의 유효성을 의문시하고, 구조 개혁과 작은 정부를 지향하는
新古典派經濟學派를 대변하고 있다.

14) 2005년 3월 말 시점에서 일본 내 개인 금융 자산 잔고는 1,416조 엔에 이르는 것
을 볼 수 있다(자료 : 週刊! 外資exの資産運用レポート, 2005. 6. 21).

15) 이는 재정 정책과 금융 정책을 사용하여 정부와 은행이 경기를 통제할 수 있다고
생각하여, 큰 정부를 용인하는 케인즈경제학을 대변하고 있다.

16) 1991년 東京大 대학원에서 數理工學 전공(석사 수료) 후, 1998년 시카고대 대학
원에서 經濟學 전공(박사 수료). 1991년 通商産業省 産業政策局에서 근무하였으며,
2003년부터 〈아시히(朝日)신문〉 객원논설위원으로 활동. 이 글에서 일본어 표기는
《Table of the C.K. System for Japanese》를 따랐다.

17) 經濟論爭 この10年, 2004년 4월 8일~19일까지 〈아사히(朝日)신문〉에 8회에 걸
쳐 게재함

18) "중략. …그런데 財政出動論은 현재까지도 뿌리깊게 인기가 있다. 이것은 경제 논
쟁 속에서 설득력이 있다고 하기보다, 공공사업에 의존하는 기업 등의 목소리를 반영
하고 있다. 정부가 경기를 회복시켜 줄 것이라고 하는 생각의 근본에는 일본인에게 전
통적인 것으로서 상부에 의지하는 의식도 있을 것이다. 일본에서는 케인즈경제학의
사고방식 가운데 일부만이 선별 채택되어, 일본인이 정부에 의존하는 증세를 정당화하
고, 조장하는 도구로 되어 왔다고 할 수 있을지도 알 수 없다." 코바야시케이이찌로(小
林慶一郎)는 8회에 걸쳐 연재한 글을 통해 불량 채권·디플레이션·제로 금리와 일본

한편 이러한 재정 적자로 인해 지방 재정 개혁을 둘러싸고 지난 2004년 4월 26일 개최된 경제재정자문회의 석상에서 자이무쇼오(財務省)의 최고책임자인 타니가키사다카즈장관(谷垣禎一財務相)과 내각 소오리후(總理府)의 아소오타로오장관(麻生太郎總務相)이 격돌한 것을 볼 수 있다.[19] 특히 우리의 재경경제부에 해당하는 자이무쇼오(財務省)에서는 재정 문제의 심각성을 알리고, 일본 내 각계의 의견을 구하기 위해 2005년 4월 1일부터 그 홈페이지에 재정 문제에 관한 특집 페이지를 만들어 5월 31일까지인 마감 예정일을 6월 20일까지 연장하면서 그 해결책을 찾기에 이르렀다(그림 1~3 참조).[20]

은행·규제 개혁 등 각 항목을 통해 일본 재정 문제에 대한 사항을 구체적으로 밝히고 있다.

19) 2004. 4. 27 〈朝日新聞〉 및 〈讀賣新聞〉 기사 참조

20) 대개의 일본 내 사이트에서는 국가와 지방 장기채무 잔고를 기준으로 일인당 채무액을 표시하며 큰 우려를 표시하고 있는데 대하여, 이 財務省 사이트에서는 국가가 발행한 공채 잔고(건설공채와 특례공채를 합하여 2005년도 약 538조 엔)만을 기준으로 하여 2005년 말 일인당 공채 잔고(약 422만 엔)만 표시하고 있다.

한편 일본 내 금융기관은 이러한 정부 채무의 상당 부분을 보유하고 있을 뿐 아니라, 코바야시케이이찌로(小林慶一郎)가 매우 우려하고 있듯이, 과거 누적된 불량 채권까지 떠안고 있는 사실로부터 일본 내 금융권의 위기도 엿볼 수 있겠다.

한편 에히메켄 知事인 카토모리유키(加戸守行)는 일본이 현재 처한 재정난으로 국가가 보조하는 의무교육비까지 삭감된 것에 대해 개탄하면서, 그 채무 상황을 다음과 같이 밝히고 있다. "국가재정이 큰 문제인 때입니다. 2005년도 예산이 내각 회의에서 결정되었습니다. 82조 엔에 이르는 재정규모이지만 세수는 절반 정도로 빚(借金) 재정입니다. 국채 발행 잔고는 2005년 말에 538조 엔에 이릅니다. 지방도 204조 엔을 빚지고 있고, 이 외에 국가의 일시차입금 등을 포함하면 국가와 지방에 걸쳐서 추정으로 990조 엔의 차금이 있습니다.…"(〈讀賣新聞〉, 2005. 1. 15). 여기서는 2005년 말 국채를 538조 엔으로 들고 있지만, 財務省 발표 자료(표 4 참조)를 보면 602조 엔에 이르고 있으므로, 전체 차금 규모는 카토모리유키 知事가 밝힌 액수보다 훨씬 더 큰 것을

그림 1. 재정문제에 대해 국민으로부터 의견을 구하는 자이무쇼오(財務省)의
홈페이지 내용 일부

알 수 있겠다.

참고로 카토모리유키(加戸守行) 知事는 文部省(현재는 文部科學省으로 바뀜) 政務官 출신으로 '새로운 역사교과서를 만드는 모임'을 지원하여, 에히메켄 내 縣立 중학교에서 왜곡된 역사 교과서가 채택되도록 한 바, 이에 대해 우리나라 국회의원 55명을 포함한 한국인과 중국인으로 구성된 원고단 260명은 카토모리유키 知事 등을 상대로 정신적 피해에 대해 손해 배상과 사죄를 요구하는 소송을 마쯔야마(松山)지방법원에 제기하였다(〈조선일보〉, 2005. 3. 30).

그림 2. 재정문제에 대해 국민으로부터 의견을 구하는 자이무쇼오(財務省)의
　　　　메인 홈페이지 일부

報 道 発 表

平成17年5月27日
財　　務　　省

財政問題に関する特集ページにおける意見募集期間の延長について

　4月1日に財務省ホームページに開設した財政問題に関する特集ページにおける意見募集期間について、5月31日までと予定しておりましたところですが、今般、6月20日まで延長することといたしました。
(http://www.mof.go.jp/tokusyu)

本件に関するお問い合わせ先

大臣官房文書課　徳田
電話：03-3581-4111（内線2041）

ホームページ ＞ 財政問題に関する特集ページにおける意見募集期間の延長について

그림 3. 자이무쇼오(財務省)의 홈페이지(마감 예정일을 5월 31일에서 6월 20일로 연장)

02

주요 세수인 법인세 급감에서 나타난 일본 재정 상황

일본은 기업으로부터 법인세를 많이 거둬들이는 나라이다. 다음의 표에서 볼 수 있듯이 1986년 이래 현재까지 일본에서의 법인소득 과세는 전체 세수의 20~30%대로서 2001년도 기준으로 미국은 8.6%, 영국은 11.4%, 독일은 2.8%[21]인 것과 비교해 볼 때 매우 높은 수치인 것을 알 수 있다.

법인소득과세와 관련된 실효세율(實效稅率 : 실제 소득액·자산액에 대해서 실제로 지불한 세액의 비율. 각종 공제제도 등에 의해 실제 조세부담률이 표면세율과 달라지기 때문에 사용됨)에서도 2001년 12월과 다음 해 1월 시점으로 OECD 국가 평균이 31%, EU 국가 평균이 33%, 아시아 국가가 25~30% 정도인데 반해, 일본은

---

21) 자료 OECD Revenue Statistics 1965-2002

40.87%로 매우 높다는 것을 알 수 있다.[22]

표 5. 세수 구성비의 흐름(국세+지방세)

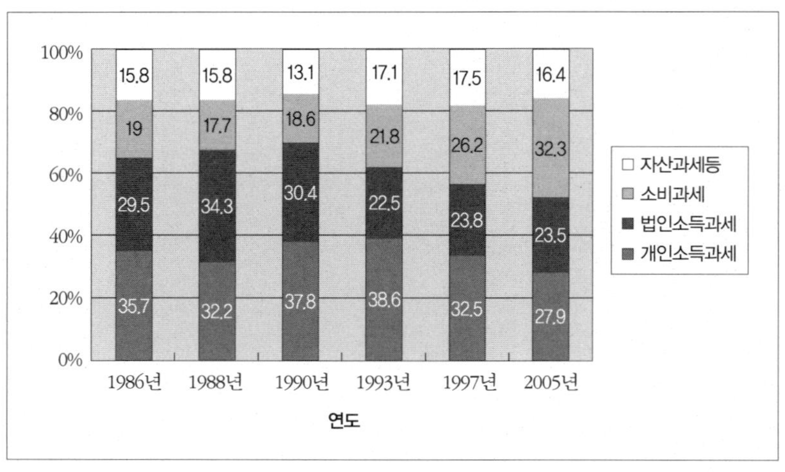

2000년 시점에서 일본에는 약 245만 개 정도의 법인이 존재하였으며, 이들 법인에는 여러 종류의 세금이 붙는다. 여기서 그 중심이 되는 것이 기업 활동으로 생긴 소득에 부과하는 법인세(국세), 법인사업세(지방세), 법인주민세(지방세)의 이른 바 법인 3세(法人 3稅)이다.

이 법인 3세가 버블 경제였던 89년도에는 19조 엔까지 이르렀으나, 그 후 경기 후퇴로 크게 낮아져 2001년도에는 10.3조 엔으로 최고 때의 절반 가까이까지 떨어졌다. 이를 보면 장기 불황에 따른 일본의 경제 상황이 잘 드러나고 있다.

---

22) 이와 관련된 구체적 내용은 內閣府, 年次經濟財政報告 참조

03

일본 지방자치단체의 재정 위기

지방자치제를 실시하고 있는 일본에서 지방자치단체는 세입에서 세출을 차감한 금액으로부터 다음 해로 이월되는 재원(財源)을 공제한 결산액[23]에서 적자가 발생하여 그 적자액을 표준재정규모로 나눈 비율[24]이 대규모 지방자치단체(都道府縣[25])인 경우 5퍼센트[26]를 초과

---

23) 實質收支라 한다.

24) 赤字比率이라 한다.

25) 현재 일본에는 1都(東京都), 1道(北海道), 2府(京都府, 大阪府), 43縣(靑森縣 岩手縣 宮城縣 秋田縣 山形縣 福島縣 茨城縣 栃木縣 群馬縣 埼玉縣 千葉縣 神奈川縣 新潟縣 富山縣 石川縣 福井縣 山梨縣 長野縣 岐阜縣 靜岡縣 愛知縣 三重縣 滋賀縣 兵庫縣 奈良縣 和歌山縣 鳥取縣 島根縣 岡山縣 廣島縣 山口縣 德島縣 香川縣 愛媛縣 高知縣 福岡縣 佐賀縣 長崎縣 熊本縣 大分縣 宮崎縣 鹿兒島縣 沖繩縣)이 있는 것을 볼 수 있다(자료 : '新全國地名讀みがな辭典', 人文社, 2000).

26) 전년도 결산 적자비율(실질수지 적자액÷표준재정규모×100) > 5%
都道府縣에 해당하지 않는 소규모 지방자치단체(市·町·村)인 경우에는 20%

하면, 재정 파산 선고를 받아 '자이세이사이켄단타이(財政再建團體)'로 지정되어 일종의 워크아웃[27]에 들어간다.

이 경우 여기에서 벗어나기 위해서는 두 방법 가운데 하나를 선택하게 된다. 그 하나는 준요오사이켄(準用再建)으로, 사이켄호오(再建法)[28]에 기초하여 내각 소오리후(總理府)의 장관(總務大臣)에게 재건 계획을 제출하여 승인을 받아야 하는 조건이 있긴 하나, 국가의 감독과 지원을 받아 확실하게 재건 목적을 달성하는 장점을 지닌 방법이다. 또 하나는 지슈사이켄(自主再建)으로, 사이켄호오(再建法)를 따르지 않고 완전히 자력으로 워크아웃에서 벗어나기 위한 재건 계획을 세우는 방법이며, 국가 등 외부로부터 제약이 없는 대신 법률에 의한 우대 조치와 국가의 재정 조치를 전혀 받을 수 없게 된다.[29]

재정 파산 선고를 받은 지방자치단체는 대개의 경우 전자의 방법

---

27) 워크아웃은 사전에서 그 뜻을 찾아보면 구조 조정을 통한 경쟁력 강화라는 의미이며, 보통 기업개선작업으로 번역된다. 경제적 회생 가능성은 있으나 재무적으로 곤경에 처한 기업이 대상이 되며, 이에 해당하는 기업은 자산 매각, 한계 계열사 정리, 인력 감축, 핵심 사업 정비 등 자구 노력을 해야 한다. 자이세이사이켄단타이(財政再建團體)는 기업이 아닌 지방자치단체를 대상으로 하므로, 워크아웃의 지정 요건인 경제적 회생 가능성과 관계없이, 해당 지방자치단체의 재정 적자 규모가 법률로 정해진 범위를 넘어설 때 지정된다는 점에서 차이를 보이지만, 자산 매각, 인력 감축 등 그 해제를 위한 자구 노력에서는 크게 다르지 않은 것을 볼 수 있다. 2차 세계대전 패망 후 경제 재건에 큰 어려움을 겪는 가운데 지방자치제를 실시해 온 일본 역사 속에서 성립한 財政再建團體 제도는 우리나라에 없는 용어이므로, 이 글에서는 재정 파산 선고를 받은 지방자치단체라는 일반적 표현을 사용하도록 한다.
28) 地方財政再建促進特別措置法으로 간단히 再建法이라 하며, 1955년 제정되었다.
29) 대부분은 준요오사이켄(準用再建) 방식을 채택하지만, 후쿠시마 이즈미자키무라(福島 泉崎村)처럼 지슈사이켄(自主再建) 방식을 선택한 예외적인 경우도 볼 수 있다.

을 채택하여 재정 재건 계획을 세우고 내각 소오리후(總理府)의 장관(總務大臣) 승인을 얻어 국가의 지도·감독 아래 재정 복구를 실시하게 된다. 이 경우 지방자치단체로서 갖는 주체성 상실은 물론 독자적으로 추진해 온 사업이나 보조금 지급 중지, 지방채권 발행 제한, 사용료와 수수료 인상에 따른 시민 부담 증가, 직원 수 삭감과 급여 감액 이외에 사소한 물품 구입까지도 일일이 동의를 받아야 하는 등 상당한 어려움을 겪게 되며, 나아가 세수 확보에 필수적인 기업 유치 무산과 지역민 전출로 인해 그 어려움이 더하게 된다.[30]

아카이케마찌(赤池町)[31]가 겪은 예에서 그 일단을 살펴보면 우선 세입(歲入: 일년간 총수입) 확보를 위해 지역에서 운영하는 공공시설(수영장, 마을회관, 야구장 등) 사용료와 수수료가 인상되었는데, 야구장 사용료의 경우 1시간에 1,200엔에서 1,870엔으로 인상되었다. 공영 주택 임대료와 수도 요금 등도 일제히 20% 정도 인상되었다. 이와 함께 세출(歲出 : 일년간 총지출) 억제를 위해, 직원 수 감축과 급여 삭감, 각종 단체에 대한 지원금 삭감, 국고 보조 사업 이외의 건설 공사 동결, 70세 이상 노인에게 지급되던 경로연금

---

30) 이에 따라 지방자치단체는 필사적으로 재정 파산 선고를 피하고자 다양한 대책을 마련하게 되는데, 아오모리켄 민마야무라(青森縣 三廐村), 오키나와켄 히라라시(沖繩縣 平良市) 및 이라부쵸오(伊良部町), 홋카이도오 오타루시(北海道 小樽市)에서 볼 수 있듯이 부족한 歲入에 대해 收入가능성이 없는 가상 재원(財源)을 포함시킨 예산안을 작성하는 경우까지도 볼 수 있다(社團法人行革國民會議 地域ニュース : 三位一體改革で地方自治體の予算編成が危機に, 2004. 3. 4 참조).
31) 후쿠오카켄(福岡縣) 북동부에 있는 아카이케마찌는 인구 1만 명 정도의 마을로, 석탄 산업으로 번영하였으나 에너지 소비가 석탄에서 석유로 변화하면서 재정 상황이 악화되어, 1991년에 자이세이사이켄단타이(財政再建團體)로 지정되면서 국가의 지도·감독 아래 10년간에 걸쳐 구조 개혁을 단행하였다.

4,200엔에서 2,000엔으로 삭감, 마을 책임자용 공용차 폐지 등과 같은 조치와 함께 공원과 도로 유지 관리도 지역 주민과 직원이 함께 담당하여야 했다.[32]

그런데 현재 일본의 재정 적자 규모가 급격히 증가하는 가운데 이러한 재정 파산 선고에 다가서는 지방자치단체들이 늘어나고 있는 것을 볼 수 있다.

일본 내 전체 47곳[33] 지역을 대상으로 한 지역별 총생산 순위에서 5위(표 6 참조)에 해당하는 홋카이도오(北海道)는 2005년 현재 재정 위기를 맞아 재정 파산 선고 지정을 눈앞에 두고 철저한 경비 삭감에 본격적으로 착수한 것을 알 수 있다.[34]

표 6. 일본 내 지역별 총생산(명목)에서 본 상위 6위까지의 지역 순위
(자료 : 內閣府 「國民經濟計算年報」 「縣民經濟計算年報」)

종류＼연도	1998	1999	2000	2001	2002	2003
1	東京都	東京都	東京都	東京都	東京都 (818,429억 엔)	東京都 (847,628억 엔)
2	大阪府	大阪府	大阪府	大阪府	大阪府 (382,963억 엔)	大阪府 (395,043억 엔)
3	愛知縣	愛知縣	愛知縣	愛知縣	愛知縣 (339,628억 엔)	愛知縣 (336,559억 엔)
4	神奈川縣	神奈川縣	神奈川縣	神奈川縣	神奈川縣 (301,176억 엔)	神奈川縣 (306,869억 엔)
5	北海道	北海道	北海道	北海道	埼玉縣 (199,438억 엔)	北海道 (208,190억 엔)
6	埼玉縣	埼玉縣	埼玉縣	埼玉縣	北海道 (196,356억 엔)	埼玉縣 (198,403억 엔)

---

32) 地域メディア研究所 Reports : ‘再建團體轉落から10年 福岡縣·赤池町’, 〈每日新聞〉(2005. 4. 17) 외
33) 일본의 경우 1都 1道 2府 43縣의 47지역으로 구성된 것을 앞서 살펴본 바 있다.
34) 〈每日新聞〉(2005. 4. 17) 기사 ‘道の財政危機 經費削減の徹底圖る / 北海道’ 참조

〈마이니찌신문〉은 이에 대한 기사에서 홋카이도오 간부는 위기를 기회로 바꾸고 구조 개혁의 선구가 된다고 하는 자세를 취하고 있지만, 급여 삭감으로 직원들 의욕은 저하되고 사업 축소로 홋카이도오 경제는 타격을 받는 가운데 줄타기를 하는 도정(道政) 운영이 이어지고 있다고 적고 있다.[35]

홋카이도오에서는 과거 거품 경제가 붕괴된 후 정부의 경기 활성화 대책을 따라서 공공사업으로 지역 경제 진흥과 고용 확보를 꾀하면서 1995~99년도 공공사업 경비에 일반회계의 24~30%를 할당하였으며, 그 후 억제하였지만 2005년도에도 예산 가운데 20%를 할당하였다. 그런데 기대했던 공공사업이 경기 회복으로 이어지지 않으면서, 2005년도 도세(道稅)가 전년도와 비교하여 전국 평균의 절반 수준인 2.3% 증가에 그친 반면 차입금은 늘어나 2005년도 말 홋카이도오의 부채 잔고는 도민 1인당 100만 엔, 합계 5조 6억 엔이

홋카이도오에서는 최근까지 財政健全化推進方策(1997. 9), 財政の中期試算と今後の對處方針(1999. 11), 道財政の展望(2001. 9) 등에 기초하여 성역 없는 시책 재평가와 독자적인 인건비 감축 등 대책에 힘을 기울였지만, 道稅 수입과 지방교부세의 대폭적이고 갑작스런 감축에 더하여 보건복지관계 경비 같은 필수적 경비가 증가함으로 인해, 2003년도 收支 부족액의 경우 1,720억 엔에 이른 것을 볼 수 있다(자료 : 明日の山形をつくるシステム行財政推進懇話會資料, 2003. 12. 19). 이러한 상황 속에서 홋카이도오 내 유우바리시(夕張市)에서는 차금(부채 총액)이 세수 등을 통한 수입(표준재정규모)의 10배 이상인 500억 엔을 넘게 되면서, 後藤健二 시장은 2006년 6월 20일에 자이세이사이켄단타이(財政再建團體) 신청을 하여 재정 파산 선고를 하였다. 이와 관련해서는 〈아사히〉(夕張市負債 500億円超 收入の10倍, 2006. 6. 16)와 〈共同通信社〉(市長 50%, 職員 15% 削減 夕張市が給與削減條例, 2006. 8. 18) 등 기사 참조할 것
35) 앞의 기사 참조

될 것으로 예상한 바 있다.[36]

이러한 홋카이도오에 앞서 1998년에는 지역별 총생산 순위 2위
(표 6 참조)에 해당하는 오오사카후(大阪府)가 재정에 대한 비상사태
선언을 한 바 있다. 오오사카후는 2001년 시뮬레이션 계산에서
2007년도에 재정 파산 선고 지정을 받을 것으로 예상되었으나, 현
재 이로부터 벗어나기 위해 철저한 재정 개혁을 단행하고 있다.[37]

---

36) 홋카이도오(北海道)는 2005년도 예산 편성 때 2006~07년도의 재원 부족을 570
억 엔으로 보았지만, 노인 의료비용 증대와 지방교부세 감액 등으로 1,000억 엔 정도
로 확대될 우려가 나타났다. 여기에 2006~07년도에 예정되어 있던 900억 엔 삭감
을 합쳐서 1,900억 엔을 줄여야만 하는 상황을 맞아, 2005년 4월 7일 워크아웃 지정
을 피하기 위해 설치한 行財政構造改革推進本部 幹事會에 부장 및 차장급 약 20명
이 도청 건물 4층에 있는 査定室에 모여 대책에 들어간 것을 볼 수 있다. 또 현재 들어
가는 인건비가 연간 약 7,500억 엔으로, 부족분을 인건비만으로 벌충한다고 하면 급
여 가운데 3할 정도를 삭감하여야 하는 상황이지만, 홋카이도오 간부는 줄일 수 있는
다른 요소를 검토하여 인건비를 1~2할 정도로 삭감하려는 바람을 표명하였다. 타카
하시하루미(高橋はるみ) 도지사는 우편대 등 사무 경비(336억 엔) 가운데 15% 삭감
등을 지시하였으며, 신규 채용 규모도 예년의 절반인 60명으로 축소하였다. 이러한 가
운데 홋카이도오에서는 2005년부터 10개년에 걸친 行財政計劃을 통해 조직 슬림화
와 철저한 경비 삭감으로 재원을 확보하고자 하였으나, 2005년도 당초 예산 편성을
끝낸 시점에서 계획 첫 해 적자가 예상보다도 360억 엔 확대되어, 이 계획안을 수정하
고자 하는 것을 볼 수 있다(앞의 기사 참조).
37) 앞의 기사 참조. 재정 위기를 맞아 오오사카후(大阪府)에서 취한 개혁 내용을 보
면 다음과 같다. 우선 조직을 슬림화하였다. 이전에 각 부 총무과에서 서무담당자가
따로따로 행하고 있던 ① 급여·복리후생 ② 재무회계 ③ 물품조달의 개개 사업을
2004년 4월에 정보기술을 이용해 일원화하여 관리하는 방법을 도입하였다. 이에 따
라 남는 서무담당자 400명을 삭감하는 대신 大阪府廳 新別館 9층에 총무서비스센터
를 신설해 흡수하면서 그 업무를 민간에 위탁하여 개발과 위탁비(7년분)로 모두 35억
엔을 들였지만, 인건비를 해마다 약 40억 엔씩 줄였다. 다음으로 인건비 감축에 진력
하여 1999년과 2000년 2년간 전 직원의 정기 승급을 정지하였고, 이후 삭감하여 직

또 미야기켄(宮城縣)은 1999년에 재정위기 선언을 한 후, 재정재건 추진프로그램(2001. 10)과 세출구조개혁(2003. 5)을 뒤이어 발표하면서 재정 위기에 대처하고 있고, 아오모리켄(靑森縣)에서도 지금까지 재원 부족을 지탱해 주던 기금이 수년 내 고갈될 위기에 처하여[38] 대책을 마련 중이다. 이와 함께 후쿠시마켄(福島縣)과 니이가타켄(新潟縣)에서도 재원 부족에 따른 재정 위기를 맞아 역시 대책을 마련하고 있는 것을 볼 수 있고,[39] 찌바켄(千葉縣)도 예외가 아니다.[40]

원의 2003년도 연 수입을 1998년도와 비교하여 약 1할, 보너스의 경우 약 2할 줄였다. 또 2004년에는 퇴직시 특별 승급을 폐지하였고, 2005년도에는 시간외 근무를 1인당 연간 360시간 이내가 되도록 하였다. 셋째로 2004년 말 府 내 9곳에 약 600채가 있던 경찰 관사 이외의 직원 숙소와 독신 숙소를 모두 없앤 후, 지역 사회와 민간 기업에 매각하였다. 또 企業局 회계에 계상된 기업 부채(차금)를 청산하기 위해 토지 개발·분양 업무를 맡은 企業局 폐지 준비를 하면서, 그 업무를 다른 부서와 민간이 맡도록 하였다. 이외에도 출퇴근 때 부지사와 회계최고책임자에게 공용차를 제공하던 제도를 폐지하는 것과 함께 비서 수행 제도를 전폐하여 지사가 東京 출장 때 수행하던 비서까지 없앰으로써, 이와 관련해 지출되던 연간 400만 엔의 비용까지 절감하는 등 온갖 노력을 하고 있다. 이와 함께 세수 증대를 위해 법인세(법인 2稅인 法人府民稅와 法人事業稅)를 초과 과세하는 조치를 취하였다(이에 대해 경제계에서는 2004년과 2005년 현재 철폐를 지속적으로 요구하고 있는 중이다). 이러한 노력으로 계속 감소되던 府의 세 수입이 2003년도를 기점으로 증가세로 돌아섰고, 이 결과에 기초하여 시행한 시뮬레이션 계산에서는 재정 파산 선고 가능성에서 벗어날 가능성이 높아졌다고 한다. 그렇지만 경기 흐름을 예측할 수 없고, 언제 세 수입이 감소될지도 알 수 없으므로 개혁을 지속하는 가운데, 위기감을 버리지 않고 있는 것을 볼 수 있다.
38) 2003년도 재원 부족액은 172억 엔에 이르며, 기금 즉, 저축 잔고는 1994년(1,804억 엔)을 정점으로 계속 감소하여 2002년 903억 엔, 2003년 732억 엔으로 감소한 것을 볼 수 있다(자료 : 財政改革を進めるに當たって, 靑森縣總務部財政課).
39) 이와 관련해서는 明日の山形をつくるシステム行財政推進懇話會資料(2003. 12. 19) 참조
40) 千葉縣, '千葉縣財政再建プラン － 財政再建團體への轉落回避に向けて', (2002. 9. 11) 참조

　　2005년도 채무 잔고가 1조 1,079억 엔에 이르는 야마가타켄(山形縣)[41]의 경우도 심각한 재원 부족 속에 2006년도에 재정 파산 선고 지정을 받게 될 가능성이 제기된 바 있으며, 이바라키켄(茨城縣)의 경우에도 2005년 말 채무 잔고가 1조 6,803억 엔에 달하게 되어 재정 파산 선고를 피하기 위한 대책 마련과 실행에 힘을 쏟고 있다.[42]

　　이처럼 상당수 지방자치단체가 심각한 재정 적자 상태에 직면[43]하

---

41) 〈每日新聞〉(縣財政 : 再建團體轉落の恐れ 每年度節減で對應 － 中期展望 / 山形, 2005. 6. 17) 기사에 의하면, 야마가타켄은 심각한 재원 부족 상태로, 재정 개혁 없이는 2006년도 재정 적자액이 재정 파산 선고를 받게 되는 145억 엔을 돌파하여 359억 엔에 이를 것으로 예상되는 바, 이에 따라 2005년부터 5년간에 걸친 재정 건전화를 위한 대책을 수립, 공표하고 있다.

42) 구체적인 내용에 대해서는 茨城縣財政構造改革プランの槪要 및 茨城縣第三次行財政改革大綱 참조. 이 자료를 통해 이바라키켄(茨城縣)에서는 재정 악화에 따라 급여 삭감은 물론이고, 1998년부터 2007년까지 10년간에 걸친 인원 감축 정책을 시행하여 일반 행정 직원의 경우 10년간 15%에 이르는 약 1,000명 정도를 줄이려는 계획 아래 2004년까지 728명을 감축하였고, 교육부문의 경우에는 10년간 약 1,700명 정도를 줄이려는 계획 아래 2004년까지 교직원 1,176명을 줄였으며, 그 외 부문으로 縣立 병원에서 의사와 간호사 53명, 企業局 직원 31명을 감축하는 것을 포함하여 다양한 재정 개혁 노력을 기울이고 있는 것을 볼 수 있는데, 이를 통해 그 절박함을 살펴볼 수 있겠다.

43) 소규모 지방자치단체로는 홋카이도오 노보리베쯔시(北海道 登別市)가 2007년에 자이세이사이켄단타이(財政再建團體)로 지정될 가능성이 높은 것으로 예측되고 있다(登別市中期財政見通し 平成 16年度～平成 20年度, 平成 15年 11月 및 室蘭民報 2003. 11. 26 기사 참조). 후쿠시마켄 소오마시(福島縣 相馬市)의 경우에는 2003년 9월 8일 정례 시의회에서 위기 상황인 시 재정으로 인해 자이세이사이켄단타이(財政再建團體)로 지정될 가능성을 제기하며 재정 비상사태 선언을 하였다(社團法人行革國民會議 地域ニュース : 相馬市が「財政非常事態」宣言 2003. 9. 10 참조). 또 야마가타켄 신죠오시(山形縣 新庄市)에서도 심각한 재정 문제를 맞아 재정 재건 계획을 발표(新庄市財政再建計劃, 2004. 7)하였으며, 토쿠시마켄 나루토시(德島縣 鳴門市)

게 된 이유는 무엇인지 살펴볼 필요가 있다.

지방자치제를 실시 중인 일본에서는 중앙 정부인 국가가 국세[44]를 징수하고, 지방 정부인 이들 지방자치단체[45]에서는 지방세[46]를 징수하여 예산 편성을 한다. 그런데 지방 정부의 조세 수입(지방세)은 중앙 정부의 그것(국세)보다 적은 반면, 세출 규모는 대민 행정 대부분을 담당한 지방 정부 쪽이 중앙 정부 쪽보다 크다. 그러므로 지방 정부는 부족한 재원을 중앙 정부로부터 재정 이전을 받아 충당할 수밖에 없다.[47]

를 포함하여 적지 않은 지방자치단체에서 재정 위기를 맞고 있음을 볼 수 있다. 특기할만한 것으로서 이러한 재정 부족 사태는 市町村 단위의 지방자치단체가 합병을 하는 주요 원인의 하나가 되고 있는데, 지자체 합병시 10년간 재정 우대 조치를 받을 수 있기 때문이다. 이에 따라 1999년 3월 31일 3,232곳이었던 市町村이 2005년 6월 20일 현재 2,370곳으로 줄었고, 2006년 3월 31일에는 1,822곳으로 줄게 되는 것을 볼 수 있다(자료 : 總務省 合倂相談コーナー). 노보리베쯔시(登別市) 시민이 무로란시(室蘭市) 시민으로부터 경시 당하는 분위기(자료 : 平成 14年度 第1回 ふれあい 懇談會開催記錄) 속에서 두 도시간 합병이 추진되는 배경도 이와 무관치 않은 것을 알 수 있겠다.

헤이세이노다이갓페이(平成の大合倂)로 지칭되는 이 대대적인 소규모 지방자치단체 합병의 배경에는 재정 문제 이외에도 자민당 선거 대책으로 보는 해석도 볼 수 있다. 즉 1998년과 2000년 선거에서 자민당이 참패하면서 표를 얻을 수 있는 도시에 주력하기 위해 지방으로 갈 자금을 도시로 배분하기 위해 지방자치단체를 줄이고자 한데서 비롯하였다고 한다.

44) 국가가 국민에게 부과하여 징수하는 조세로, 소득세·법인세·상속세·소비세·주세·담배세·등록면허세 등이 있다.

45) 都道府縣 및 市町村

46) 지방공공단체가 부과하여 징수하는 조세의 총칭. 道府縣稅 및 都稅와 市町村稅 및 特別區稅가 있으며, 地方稅法에서 일반적인 준칙을 정한다.

47) 중앙에서 지방으로 이전하는 재원은 크게 세 가지로 ① 지방교부세 ② 국고지출금 (보조금, 부담금, 利子補給金, 交付金, 給付金, 위탁비, 조성금, 국고보담금, 국고위

이에 따라 중앙 정부는 보조금(국고지출금)과 지방양여세 이외에 지방교부세라 하여 국세인 소득세, 법인세, 소비세, 주세, 담배세의 25~35.8%[48]를 지방에 배분하고 있다. 이 지방교부세는 지방 정부가 자유롭게 사용할 수 있는 지방 고유의 재정이 되고 있다.[49]

그런데 급격히 늘어나는 국가 채무로 인해 경제 위기가 심화되면서 중앙 정부는 재정 개혁(三位一體改革[50])에 나서서 지방교부세 삭감을 진행하고 있으며, 이외에도 보조금을 폐지하거나 대폭 줄임에 따라 지방 정부는 세입(歲入) 재원이 크게 감소되기에 이르렀다. 이는 오랜 경기 침체로 세수(稅收)가 줄어들고 있는 상황에서 지방 재정이 악화되는 직접적인 원인이 되었다.

탁금, 국고보조금 등의 이름으로 해당 목적에 따라 지급됨) ③ 지방양여세(소비양여세, 지방도로양여세, 석유가스양여세, 특별 ton양여세, 자동차중량양여세, 항공기연료양여세의 6종류)가 있다. 지방교부세의 경우 지방 정부가 자유롭게 사용할 수 있는 일반 재원으로서 지방세와 함께 지방 정부 세수의 주요 재원이 되는데 대하여, 지방양여세는 지방 세수의 약 1% 전후 정도로 그다지 크지 않으며, 국고지출금은 자금 사용처가 지정되어 교부된 재원이다.

48) 이들을 法定 5稅라고도 하며, 보다 구체적으로는 소득세인 경우 32%, 법인세인 경우 35.8%, 주세인 경우 32%, 소비세인 경우 29.5%, 담배세인 경우 25%이다.

49) 〈讀賣新聞〉(2004. 11. 4) 기사 '地方交付稅改革, 「使い回し 7-8兆」財務省 削減主張' 참조

交付稅法 2조에 의하면 교부세는 '지방단체가 한결같이 그 행해야 할 사무를 뒷받침할 수 있도록 국가가 교부하는 세' 라고 규정되어 있으며, 普通교부세와 特別교부세의 두 종류가 있다. 이러한 교부세 제도는 1954년에 성립되었으며, 현재 지방자치단체 약 3000곳 가운데 9할 이상에서 이를 받고 있는데, 현재 지방 세입(歲入)의 약 2할 정도를 차지하고 있다. 그 재원은 앞서 언급한 법정 5세 이외에 지방 재정 대책에 따라 일반회계에서 가산되는 금액과 또 交付稅特別會計(交付稅及讓與稅 配布金特別會計)에서 차입을 합쳐 마련하는데, 2002년 말 交付稅特別會計의 채무 누적 금액은 약 46.7조 엔에 이르고 있다.

또 특정 목적 사업에 지원되는 중앙 정부 보조금을 받아 보조사업을 실시하는 경우 지방채나 지방세로 충당하지 않으면 사업 시행이 불가능한 구조로 인해, 이러한 재정을 지방 정부가 부담해 온 것도 지방 재정 적자가 확대[51]되는 한 원인이 되었다. 아울러 이들 보조사업과의 협조를 내세워 지방채를 활용하여 지방 단독사업을 벌이는 경우가 크게 증가한 것도 지방 정부의 재정 문제를 악화[52]시킨 원인

---

50) 三位一體 개혁이란 국가에서 지방으로 세원(稅源) 이양을 포함한 세원 배분 재검토·지방교부세 제도 개혁·국고보조부담금 감축 및 폐지의 세 가지를 동시에 하나로 다루어 추진하는 개혁을 말한다. 이와 관련하여 중앙 정부 내 지방분권개혁추진회의에서는 2003년 5월 11일 三位一體 개혁에 관한 정책을 결정하여, 6월 초 고이즈미(小泉) 首相에게 제출하였는데, 그 주요한 내용은 다음과 같다. ① 세원 이양은 추후 증세에 맞춰 시행한다. ② 지방교부세를 가칭 地方共同稅와 財政調整交付金으로 다시 짜서 대폭 삭감한다. ③ 국고보조부담금을 삭감하고, 남는 것은 사용처를 한정하지 않는 통합 보조금 등으로 바꾼다. 이로부터 세원 이양의 경우 국가의 재정 악화를 근거로 철저한 세출 삭감을 행하면서도, 국세와 지방세를 통한 증세(增稅)가 향후 필요하다고 못을 박고, 이를 위해 증세를 동반한 세제 개혁에 맞춰 국가와 지방의 세원 배분을 재검토하는 방침을 명확히 하고 있다(자료 : 〈讀賣新聞〉 2003. 5. 12).

51) 白石浩介, '國財政からみた地方財政改革', 三菱總合研究所, 2002. 10. 24 및 財政制度等審議會 財政制度分科會 '歲出合理化部會及び財政構造改革部會' 合同部會(第7回) 議事錄, 2002. 10. 24

의사록에 "중략 … 보조금이라 하는 것의 존재 자체가 지방의 부담을 불러오는 구조로 되어 있다고 하는 말이 있습니다. 이것은 무슨 말인가 하면 전체 사업비 가운데 국가가 보조 사업에서 지불하는 금액은 보조금과 교부세만이며, 나머지 비용에 관해서는 지방세 혹은 지방채에서 마련하지 않으면 사업을 할 수 없다고 하는 말입니다"라는 내용을 통해서 구체적으로 확인할 수 있다.

52) 앞의 자료. 의사록에 "중략 … 이른바 단독사업비라 하는 것이 2000년 단계에서도 1.8배 증가하고 있습니다. 이것은 왜 증가했던 것인가 라고 할 때 지방 관계자측 말은 단독사업이라 해서 단독으로 행하는 것이 아니고, 어떤 특정 보조 사업과 협력해서 주변 도로를 정비하는 것과 같은 것을 하고 있는 것이라 하는 것입니다. 다만, 문제는

이 되었다. 그리고 이러한 구조 속에 지방채 잔고가 누증(累增)되면서 그 상환비도 급증하여 지방 재정에 큰 부담으로 작용했고,[53] 여기에 지방의 재원 부족에 대처하기 위한 기금마저 급격히 줄어들어 재정 대책에 어려움을 더하였던 것을 볼 수 있다.[54]

이와 같이 현재 지방자치단체는 재정 적자 상황에서 세입 확보와 세출 억제를 최우선 현안으로 삼고 있으나, 장기간 경기 침체로 세수가 줄어든 가운데 중앙 정부에서 추진 중인 재정 개혁으로 고유 재원(지방교부세)마저 삭감되고 재원 부족을 대비한 기금까지 고갈되었다. 이러한 처지에서 지방채 누증과 노령화 인구 증가 등으로 필요한 지출 비용은 역으로 늘어나, 재정 운영 대책 마련에 어려움을 맞

그 이면에 있는데, 지방채를 활용하여 지방 단독사업을 실시하고 있는 터이고, 이 지방채의 원리상환금이라 하는 것이 최종적으로는 대부분 교부세 조치를 받고 있다는 것 즉, 단독사업이 늘어난 이면에는 사실 지방채 제도라든가 교부세 제도라고 하는 것이 얽혀있다고 하는 것…"이라는 내용을 볼 수 있다.

53) 홋카이도오(北海道)의 경우 2003년 道債 잔고가 5조 엔을 넘으면서, 道債상환비 역시 해마다 증가하여 2004년에는 4,230억 엔에 이르고, 연간 이자 지불만 1,160억 엔에 이르고 있는 것을 알 수 있다. 이바라키켄(茨城縣)의 경우 2005년 말 縣債 잔고는 1조 6,803억 엔(2005년 당초 예산규모의 1.6배)에 이를 것으로 예상되며, 이러한 채무 잔고가 급격히 증가하는 상황은 찌바켄(千葉縣)을 포함한 여러 지방자치단체에서도 마찬가지인 것을 볼 수 있다.

54) 찌바켄(千葉縣)의 경우 1991년에 1,477억 엔에 이르던 縣기금(재정조정기금 230억 엔 + 縣債관리기금 1,247억 엔)이 크게 감소하여 2002년에는 57억 엔(재정조정기금은 없고 縣債관리기금만 57억 엔)만 남았으며, 이바라키켄(茨城縣)의 경우 1991년 말에 1,763억 엔에 이르던 기금이 2005년 말 128억 엔으로 고갈 직전에 이를 예정(茨城縣財政構造改革プランの概要)이어서, 재원 부족에 대처할 기금 역할을 하기 어렵게 된 것을 볼 수 있다.

고 있다. 그 결과 예외 없이 인원 감축과 급여 삭감 및 비용 절감[55]을
위한 대책을 마련하여 시행하고 있는 것을 볼 수 있다.

　이러한 때에 중앙 정부가 추진 중인 재정 개혁(三位一體改革) 대

---

55) 후쿠오카켄 타가와시(福岡縣 田川市)에서는 청사 안에서 엘리베이터를 한 번 타
는데 드는 비용 50엔을 절감하고자 출근시간대 승강기 운행을 중지하고, 부서마다 있
던 커피메이커와 냉장고, 전기포트를 철거하였으며, 수도료 절약을 위해 식탁 세척까
지 금지하고, 쓰레기 상자도 각 과당 한 개씩만 두도록 하는 등 비용 절감 노력을 기울
이고 있다. 또 톳토리켄 요나고시(鳥取縣 米子市)에서는 경비 절감을 위해 청사 안에
서 엘리베이터 닫힘 버튼을 누르지 못하도록 조작반(Indicator)에 개폐 가능한 덮개를
씌우고, 엘리베이터실 내부의 조명등 개수도 3개에서 2개로 하는 등(社團法人行革國
民會議 地域ニュース : 財政改善に向けて歳出抑制, 2004. 6. 11 참조) 비용 절감을
위해 철저히 노력하고 있는데, 이를 통해 현재 지방자치단체가 느끼는 위기의식의 한
단면을 엿볼 수 있겠다.
56) 2002년도 議事錄(白石浩介, 앞의 자료)에는 "국고보조금, 이른바 장려 성격의 보
조금에 대해서는 국가와 지방의 행정 슬림화를 실현하는 관점에서, 원칙적으로 폐지·
감축을 하려는 방침 아래 정력적인 삭감을 진행한다.", "지방분권개혁추진회의의 조
사 심의도 근거로 하면서, 복지·교육·사회 자본 등을 포함한 국고보조부담사업의 폐
지·감축에 관해서 내각 總理大臣의 주도 아래 각 大臣이 책임을 갖고 검토하여 연내
를 목표로 결론을 낸다.", "국고보조부담금, 교부세, 세원 이양을 포함한 세원 배분 방
법을 三位一體로 검토하여 바람직한 방향과 그에 이르는 구체적인 개혁 공정을 포함
한 개혁안을 금후 1년 이내를 목표로 매듭짓는다" 등 三位一體 개혁과 관련하여 구체
적으로 결정된 여러 내용을 볼 수 있다.
57) 야마나시켄 코오후시(山梨縣 甲府市) 시의회의 1997년 회의록(平成 9年 9月 甲
府市議會定例會會議錄 第5號) 내용을 보면, 공영주택 임대와 관련하여 "본래 공영
주택은 그 지방의 실정에 따라서 주택 건설과 관리를 규정하는 것이 중요합니다. 이번
조례 제정은 임대료 결정을 위시하여 많은 시책이 政省令(일본의 경우 법률 아래 政
令, 省令 그리고 告示로 법체계가 이루어지는데, 政令은 내각이 규정한 명령이며, 省
令은 각 부처의 장관이 맡은 사무에 관하여 발포한 행정상 명령을 말한다)으로 규
정되어 근로자에게 주택을 보장한다고 하는 공공주택 정책의 기본에서 일탈, 더 나아
가서는 헌법 25조에 정한 국민의 생존권에 반하는 것입니다"라고 문제 제기를 한 뒤

책[56]은 국가 위기 상황을 이유로 지방의 반발을 적절히 잠재우면서, 이들 지방에 대한 중앙 정부의 통제력을 재정 권한을 활용해 강화하는 결과를 가져올 수 있다는 점[57]에서 주목된다.

이에 강력히 항의하는 토론을 제기하고 있다. 이를 통해 중앙 정부에서 발포(發布)한 政省令을 따라 지방자치단체 조례가 제정되어 온 일면을 살펴볼 수 있다.
이처럼 이미 중앙 정부의 통제를 받아 오는 가운데 누적되는 재정 적자로 인해 중앙으로부터의 재정 지원이 절실한 지방자치단체의 처지에서는 재정 권한을 쥔 중앙 정부의 영향력이 클 수밖에 없으며, 三位一體 개혁 속에 중앙의 영향력은 더욱 강화되었다고 하겠다.

민영화와 구조 개혁을 통한 정규직 감원 속에서 진행 중인 개인의 위기

90년대 들어와 일본의 거품 경제가 꺼지고 이후 지속된 장기 경제 침체 속에서, 경제적 어려움을 맞아 지출 비용을 줄이는 가장 확실한 방안으로서 지방자치단체에서 시행중인 정규직 감원 정책은 여타 조직에서도 철두철미하게 이루어지는 것을 볼 수 있다.

중앙 정부의 경우 국가공무원 감원 정책을 추진하여, 이미 2001년 초 시행된 중앙 부처 개편[58]에 맞춰 연평균 1%씩 5년간 약 5%의 국가공무원 감원을 시행해 왔다. 2004년 말 내각 회의 결정에 따라 2005

---

58) 中央省廳 再編 : 2001년 1월 6일 중앙 부처의 수직적 관계로 인한 폐해를 줄인다는 명분으로 관련 부처의 기능을 통합 재편하여, 1府 22省廳(總理府, 12省, 國務大臣이 장관이 되는 8廳 '總務廳, 北海道開發廳, 防衛廳, 經濟企劃廳, 科學技術廳, 環境廳, 沖繩開發廳, 國土廳', 國務大臣이 위원장이 되는 2위원회 '國家公安委員會, 金融再生委員會')을 1府 12廳省(內閣府, 10省, 國務大臣이 장관이 되는 1廳 '防衛廳', 國務大臣이 위원장이 되는 1위원회 '國家公安委員會')으로 개편하였다.

년부터 이를 확대하여 5년간 10% 이상 감원을 추진하고 있다.[59]

중앙 정부가 추진 중인 공공 분야의 민영화 정책도 그 연장선상에서 추진되는 것임을 알 수 있다.

우리나라 체신청에 해당하는 유우세이코오샤(郵政公社)는 고이즈미(小泉) 전 수상이 강력히 민영화를 추진하였던 공공 분야로서, 이를 민영화하는 법안이 최근 거센 반대 속에 가까스로 슈우기인(衆議院[60])에서 통과되었다.[61] 그러나 2005년 8월 8일 산기인(參議院)에서 부결[62]되자 고이즈미 전 수상은 이 법안에 대한 국민의 뜻을 묻는다는 이유를 들어 국회(衆議院)를 해산하고 새로 치른 선거에서 압승하였다. 이에 따라 재차 제출된 이 민영화 법안은 지난 10월 14일 국회에서 가결된 바 있다.

2004년 시점에서 자금 보유액이 약 350조 엔에 이르는 유우세이

---

59) 〈産經新聞〉, 國家公務員10%削減 首相「政府一丸で」指示 外相「限界」法相「困難」, 2005. 5. 28. 및 〈共同通信〉, 5年間で3萬3000人削減 合理化計畫を閣議決定, 2005. 10. 4 등. 그런데 국가공무원 삭감에는 自衛官을 제외(〈每日新聞〉, '國家公務員'定員を4年間で2萬7681人削減 政府方針, 2005. 10. 4 기사 참조)하고 있어 군사 우선 정책이 반영된 것을 읽을 수 있다.

60) 현행 헌법에서는 산기인(參議院)과 함께 국회를 구성하는 양원 가운데 하나로, 衆議院의원으로 조직된다. 해산 명령을 받을 수 있는 점과 예산안 우선 심의권·의결권을 갖는 점에서 산기인(參議院)과 다르고, 또 參議院보다 우월한 지위에 있다. 옛 메이지(明治) 헌법에서는 貴族院과 함께 帝國議會를 구성하고 있었다(廣辭苑, 岩波書店, 1991).

61) 2005년 7월 5일 슈우기인(衆議院) 본회의에서 찬성표 233, 반대표 228로 5표 차이로 어렵게 통과하였는데, 이에 대한 상세한 내용은 〈요미우리신문〉(「郵政法案5票差の衆院通過, 自民龜裂で參院審議難航も」, 2005. 7. 6) 기사 참조 바람

62) 산기인(參議院)에서 찬성표 108, 반대표 125로 부결되었는데, 이에 대해서는 http://www.fpcj.jp/j/ mres/japanbrief/jb_562.html(メディア・リソース 郵政法案否決, 解散・總選擧へ, 2005. 8. 10) 내용 참조할 것

코오샤(郵政公社)는 이미 발행된 국채 가운데 25% 정도인 약 140조 엔을 보유하고 있는 국채 최대 매수 기관으로서[63] 매년 국가가 발행하는 막대한 양의 국채를 매입하고 있으며[64] 약 97만 명에 이르는 국가 공무원 가운데 29만 명 정도가 소속[65]한 대규모 공공 조직이다.

이러한 유우세이코오샤(郵政公社)가 2007년 4월에 민간 기업으로 전환[66]되면 그 직원 29만 명은 국가공무원 신분에서 민간인 신분이 되면서 신분 보장이 철폐된다.[67] 이에 따라 노조에서는 비상근까지

63) 〈요미우리신문〉 기사(2004. 11. 6)를 보면, 2004년 3월 말을 기준으로 국채는 569조 9천억 엔(정부 단기증권 제외)에 이르며, 이 가운데, 郵政公社는 우편저금에서 84조 5천억 엔과 간이보험에서 52조 3천억 엔의 국채를 보유하고 있고, 日本銀行은 85조 5천억 엔의 국채를 보유하는 등 각 기관별 국채 보유 현황을 알 수 있다.

64) 보다 상세한 내용은 〈요미우리신문〉 基礎からわらる郵政民營化(下) 何が變わる 2004. 11. 6 참조할 것. 이 기사를 통해 우편저금 잔고(227조 3천억 엔)가 일본 내 4대 은행인 유에프제이(UFJ)·미쯔비시토오쿄오(三菱東京)·미쯔이스미토모(三井住友)·미즈호(みずほ)의 예금 잔고를 합친 금액(225조 9천억 엔)보다 규모가 크며, 간이보험 총자산(121조 9천억 엔)도 4대 생명보험회사인 니혼세이메이(日本生命)·메이지야스다세이메이(明治安田生命)·다이이찌세이메이(第一生命)·스미토모세이메이(住友生命)를 합친 총자산 금액(121조 3천억 엔)보다 규모가 큰 것을 알 수 있다.

65) 〈요미우리신문〉(2004. 11. 6)에 나타난 약 97만 명에 이르는 2004년도 국가 공무원 내역으로, 郵政公社 직원이 28만 6천명, 防衛廳 직원이 27만 7천명, 人事院 권고 대상인 非現業 직원이 30만 1천명, 특정 독립행정법인 직원이 7만 명, 재판관 및 재판소 직원이 2만 5천명, 그 외 1만 2천명인 것을 볼 수 있다.

66) 수상 관저의 홈페이지(http://www.kantei.go.jp/jp/kakugikettei/2004/0910yusei.html)에 실린 내용을 통해 2004년 9월 10일 내각회의에서 결정된 郵政民營化 일정 등과 관련된 기본 방침을 볼 수 있다.

67) 〈NIKKEI NET〉: 特集 郵政事業改革 및 〈讀賣新聞〉(2005. 4. 28) 참조. 2007년 10월 日本郵政公社가 해산되면 국가가 100% 출자하는 지주회사 산하에 창구네트워크회사(우편국을 관리), 우편사무회사(우편·물류업), 우편저금은행(은행업), 우편

포함하여 약 40만 명에 달하는 직원이 구조 개혁 속에서 정리 해고의 물결에 휩쓸릴 것을 염려하며 민영화에 반발하여 왔다.

노조(JPU) 중앙집행위원장인 코모다(菰田) 씨는 1985년 덴덴코오샤(電電公社[68])가 민영화되어 NTT(日本電信電話)로 되면서 31만 4천명에 이르던 직원이 2003년 말까지 20만 5천명으로 감축된 예를 거론하면서, 유우세이코오샤(郵政公社)도 민영화가 되고 나면 3분의 1 정도의 직원이 감축될 것으로 내다보고 있다.[69]

4대 도로공단(日本道路公團, 首都高速道路公團, 神高速道路公團, 本州四國連絡橋公團)도 역시 민영화위원회[70]가 설치된 가운데 정부 주도로 민영화가 추진되고 있다.[71]

보험회사(생명보험업)로 각각 분화되는 것을 알 수 있다. 이와 관련해서는 郵政民營化委員會, FujiSankei Business. 2006. 8. 12 참조할 것

68) 日本電信電話公社의 약칭

69) 〈讀賣新聞〉(2004. 11. 6) 참조

70) 정식 명칭은 道路關係4公團民營化推進委員會

71) 도로공단 민영화는 고이즈미 수상이 郵政公社 민영화와 더불어 내건 2대 공약 중 하나인데, 여러모로 일본의 정책 집행 과정을 함축적으로 드러내 주는 예라고 할 수 있다. 원래 일본의 도로는 제2차 세계대전 후 거의 파괴되었으므로 도로 정비를 위해 1956년 도로정비특별조치법 시행을 통해 郵政公社 우편저금의 자금을 빌려 도로공단에서 도로를 건설하면서, 빌린 자금은 도로 이용자들에게 도로 이용료를 징수해 상환하는 대신 30년 상환기한이 지나면 무료 개방을 한다는 공약 아래 요금 징수를 하여 왔다. 그런데 30년이 한참 지났지만 도로 건설과 유지 관리를 이유로 공약을 지키지 않았고, 이에 따라 요금 지불을 거부하고 대신 무료통행선언서를 제출하고 도로를 이용하는 시민단체의 운동이 확산되고 있다. 한편 도로공단에서는 채산성이 낮은 도로까지 건설하면서, 2005년에는 4공단에서 빌린 자금이 40조 엔에 이르는 상황이 되었다. 이러한 도로공단에 대해 고이즈미 수상은 취임 초기 민영화한다는 공약을 내세웠고, 이후 민영화추진위원회가 구성되어 2002년 6월 24일 위원 7명이 첫 모임을 가졌고, 의견서를 둘러싼 극심한 대립 속에서도 12월 최종 보고서가 작성되었는데, 그 내

국립대학교의 경우도 이와 다르지 않은 사례라 할 수 있다. 처음

용의 핵심은 민영화 후 공단이 안고 있는 빚 40조 엔을 우선 해결하고, 도로 건설을 억제한다는 것이었다. 도로 건설 억제와 채무 변제에 초점을 둔 이 보고서는 정부의 의향과는 정반대였으므로, 12월 10일 지방자치단체 48곳의 대표들이 민영화추진위원회의 방안에 반대한다는 의견 결과를 발표한 뒤, 12월 22일에 정부에서는 도로 경비를 대폭 삭감하여 도로 건설을 지속하겠다는 정부안을 발표하였다(민영화위원회 위원장은 이에 반발하여 사퇴하였다). 또 당시 민영화안 정책과 관련하여 적극적인 자세를 보이지 않던 도로공단에 대해서는 2003년 9월 22일 우리나라의 건설교통부에 해당하는 國土交通省의 장관 교체를 시발로, 신임 장관이 부임일 당일 당시 도로공단의 후지이하루오(藤井治芳) 총재를 강제 경질한다는 의사를 밝힌 후 10월 24일 해임하였다(납득할 수 없는 이유로 해임된 후지이 총재는 이 해임 조치에 대해 12월 22일 행정 소송을 동경지방재판소에 내었다). 이후 2003년 11월 19일 고이즈미 수상 정책을 절대 지지하는 콘도오타게시(近藤剛)參議의원이 도로공단 총재에 취임하였다. 콘도오 총재는 12월 22일에 정부의 민영화 방안 발표에 대해 적극적 지지 의사를 밝혔는데, 도로 건설비 상환 후에도 유료 운영을 계속하겠다고 밝힌 콘도오 총재의 의견을 통해 정부의 본심을 엿볼 수 있다. 정부안이 발표된 당일, 이 안에 반대하는 민영화위원회 위원 2명이 사퇴하고 이후 민영화가 지지부진해 지자 담합과 낙하산 인사와 관련한 도로공단 내부의 스캔들이 매스컴에 대대적으로 폭로되는 가운데, 도로공단 개혁이란 취지 아래 2005년 10월 도로공단 민영화를 본격화한 것을 볼 수 있다. 또한 민영화 논의에 방해가 된 부총재를 검찰에서는 담합과 낙하산 인사의 관련성을 물어 무죄를 주장하고 있는 그를 구속하였다. 이와 관련해서는 〈NHK放送〉, 日本道路公團總裁の聽聞とは, 2003. 10. 18, 草薙厚子, 道路公團民營化ドタバタ劇の行方, 2004. 2. 11, 〈共同通信〉, 道路公團民營化安を決定 コスト削減で建設續行 推進委の田中,松田氏辭意, 2003. 12. 22, 〈asahi.com〉, 政府案に反發, 田中,松田氏辭任 民營化推進委また分裂, 2003. 12. 23, 〈共同通信〉, 藤井前總裁が國交相提訴 解任不當 取り消し請求, 2003. 12. 23, 〈asahi.com〉, 道路公團·藤井前總裁 解任取り消し求め提訴 東京地裁, 2003. 12. 22, 〈asahi.com〉, 地自體から道路公團民營化推進委案への批判續出, 2003. 12. 10, 〈asahi.com〉, 道路公團總裁に近藤剛參院議員 19日の議員辭職し就任, 2003. 11. 13, 〈asahi.com〉, 高速道 建設費償還後も有料に 近藤總裁が見解, 2003. 11. 27, 〈每日新聞〉, 道路公團副總裁 談合會議「記憶にない」容疑を全面否認, 2005. 7. 26 외 다수 자료 참고할 것

에 민영화 방안[72]과 독립행정법인화 방안[73]이 검토되다가 1999년 4월 내각회의 결정에 따라 독립행정법인으로 하는 안으로 진행되었던 국립대학교는 2002년 11월 내각회의 결정으로 국립대학법인을 구성하여 정부 조직에서 분리하는 방향으로 변경된 후 2003년 7월에 관련법이 제정[74]되고, 2004년 4월 독립된 법인이 되었다.[75] 이러

---

72) 〈니혼케이자이(日本經濟)신문〉 기사(教育を問う, 2001. 6. 27) 내용을 통해 원래는 민영화가 적극 추진되었음을 알 수 있다. "… 5월 18일 수상 관저. 토오야마아쯔코(遠山敦子) 교육부장관(文科相)이 고이즈미준이찌로오 수상(小泉純一郎首相)과 마주하고 있다."
"국립대는 독립행정법인화를 한다. 민영화는 어렵다."(토오야마장관)
"당신을 장관으로 한 의미가 없다."(고이즈미 수상)
〈아사히신문사〉에서는 2005년 2월 24일 '법인화라고 하는 충격의 행방' 이란 주제로 심포지엄을 개최한 바 있다. 참가자 가운데 대학평가 및 학위수여기구평가연구부 조교수를 맡고 있는 요네자와아키요시(米澤彰純)는 財務省 소속 사람들과 일부 국회의원 및 기타 여러 의원들 그리고 사회에 있는 사람들이 국립대를 민영화할 것을 주창하였고, 지금도 이러한 의견을 갖고 있음을 밝히면서 일본 내 사립대가 해산하는 경우 그 자산이 모두 국가로 귀속되는 것에서 볼 수 있듯이, 사립대조차 공적 조직이므로 국립대를 법인화하는 방안이 나올 수밖에 없었던 이유를 들고 있다.
73) 總務廳·中央省廳 등 개혁추진본부와 文部省(현재는 文部科學省)을 중심으로 獨立行政法人通則法의 틀 안에서 진행되었던 것을 알 수 있다.
74) 관련법에 대한 구체적인 내용은 文部科學省 홈페이지를 참고할 것
75) 國立大學の法人化の經緯, 文部科學省 및 大場淳, 國立大學法人化と教職員の身分保障, 中·四國法定學會 第44回 大會, 2003. 9. 30 참조. 원래 국립대 법인화는 2003년까지 결론을 내고, 그 후 10년 정도에 걸쳐 이행하려 했으나 고이즈미(小泉)내각 방침으로 급격히 진행되었다. 〈아사히신문사〉 주최 심포지엄(앞의 자료)에서 〈아사히신문〉 논설위원인 시미즈다테오(清水建宇)는 국립대학이 법인화된다고는 꿈에도 생각한 적이 없으나 갈팡질팡하는 사이에 법안이 만들어지고 작년 4월에 정말로 시행되었는데, 이 법인화에 이르는 논의 과정을 어떻게 보고 있는지에 대해 질문하였다. 이에 대하여 京都대학의 오이케가즈오(尾池和夫) 학장은 독립행정법인화 방안이 진행되다가 국립대학 법인으로 바뀐 이유로 교육인적자원부에 해당하는 몬부카가쿠쇼

한 과정을 통해 국립대학교는 정부 조직에서 제외되었고, 소속 교직원들은 국가공무원 신분에서 민간인 신분으로 바뀌었다.[76] 이는 교육기관으로서의 공적 성격으로 인해 법인화 전략을 채택하여 정부가 구조 개혁 목적을 달성한 사례라 하겠다.[77]

오(文部科學省) 조직이 살아남고자 국립대학법인법을 만든 것이라는 소견과 함께 국가 재정 문제와 관련시켜 다음과 같이 밝히고 있다. "…국립대학이 없어져 버리면 文部科學省은 필요 없게 되는 것이나 다름없으므로 죽기를 각오하였고, 그 점은 대학도 하나가 되어 상당히 기능하였다고 생각합니다. 그래서 국립대학법인이라고 하는 기구가 가능하였고, 교부금으로 대학을 운영해 간다고 하는 틀이 도입되었던 터입니다. 요컨대 일본의 국가 예산이 부족하고, 돈이 다 떨어졌다. 「돈이 없으므로 대학도 하나가 되어 애써서 무엇인가 해 주시오. 형편에 맞게 꾸려나가 주시오」라고 말했다면 우리들도 좀더 생각하기 쉬웠을 것이라 생각합니다. 그러나 그러한 부분은 전혀 설명 없이 여러 이유를 갖고 와 돈을 줄인다고 하는 기구를 도입해 왔기 때문에 논의가 확실하게 될 수 없었던 것이라고 생각합니다.…"

76) 1892년 帝國大學의 쿠메쿠니타케(久米邦武; 1839~1931) 교수가 '神道는 祭天의 옛 습속(神道ハ祭天ノ古俗)' 논문을 쓴 후 神道 측 공격을 받아 해임된 이래로 많은 예에서 볼 수 있듯이 메이지시대부터 1945년까지 교수직은 신분 보장을 받지 못했고 대학 자치와 학문 자유가 없었다. 제2차 세계대전 후 일본을 통치한 맥아더사령부의 교육 정책으로 비로소 교수 신분 보장과 대학 자치 및 학문 자유를 확보할 수 있었지만, 결국 법인화를 통해 과거로 회귀하는 발판이 마련된 것으로 보인다. 그리고 교수 신분이 非公務員型으로 변경됨에 따라 가르치는(教) 관료(官僚)란 뜻에서 教官으로 칭하던 교수 명칭도 教員으로 바뀌고, 교수가 물러날 때 退官이라 칭하던 용어 역시 退職으로 바뀐 것을 알 수 있다. 이러한 변화 속에서 국립대가 법인화하여 1년이 지난 시점에서, 최근 10개 대학교를 대상으로 한 조사 내용 결과를 통해 학장 급여가 월 8~12만 엔까지 삭감된 가운데 교직원의 경우도 예외가 될 수 없음(〈共同通信〉, 10大學が學長報酬引き下げ 國立大 經營努力, 2005. 7. 9)을 볼 수 있으며, 정부에서는 재정 절감 효과를 상당히 본 것(〈共同通信〉, 公務員に夏のボーナス 國62萬円, 地方59萬円, 2005. 6. 30)을 엿볼 수 있다.

77) 국가공무원 감원과 공공기관의 민영화·국립대의 법인화 과정 등 사례 분석을 통해 일본 정부는 정책을 마련, 실시하는 경우 철저한 사전 준비 과정을 거치며 최종

이 과정에서 특히 주목되는 것은, 교육부장관(文部科學大臣)이 학장을 임명·해임하는 권한과 대학 중기(6년) 목표를 허가하는 권한을 지니고, 학장은 이사를 임명하는 권한과 대학 교육 연구에 관한 중요 사항(교원 인사와 교육 과정 편성 방침 등)을 심의하는 교육연구평의회 구성원을 지명 및 임명하는 권한을 갖는다는 것이다. 또 대학 경영에 관한 중요 사항을 심의하는 경영협의회 구성원에는 외부 전문가가 반수 이상으로 구성되도록 하는 제도 등이 확립[78]된 점이다. 이들 규정은 국립대학법인화 이전 국립대학독립행정법인화를 추진할 당시 대학 정책 결정 과정에 대학 구성원 참여가 배제되고 대학이 정부 관료의 영향력 아래 놓이게 될 우려[79] 등 해당 제도의 문제점으로 제기되었던 내용이 현실화된 것이라 하겠다.[80]

한편 은행권에서도 한층 혹독한 구조 개혁 작업이 진행되고 있는

결론까지 내려둔 상태에서, 처음에는 반발을 고려해 정책 대상을 진정시키며 조금씩 천천히 진행하면서 매스컴 활용과 보고서를 통해 명분을 쌓아나가다가 어느 한 순간 계기를 만들어 순식간에 사전에 이미 결정된 방향으로 결론지어 시행하는 것을 볼 수 있다.

78) 國立大學法人法の骨子, 文部科學省

79) 中嶋哲彦은 國立大學獨立行政法人化の問題(大學と敎育 No.27, 2004. 4, pp.4-17)에서 당시 文部省(현재는 文部科學省)이 검토 방향으로 제시한 사항 등에 대하여 학장의 임면(任免), 재무 운영 교부금, 평가와 검토 등 각 사항별로 문제점을 제기한 바 있다.

80) 여기에 더해 대학 교직원 신분을 국가공무원으로서의 신분 보장을 받을 수 없는 계약직(非公務員型)으로 전환함으로써, 정부가 그 영향력을 확고히 할 수 있는 계기를 마련하였다고 하겠다. 한편 대학 교직원 신분과 관련하여 大場淳이 쓴 글(앞의 자료)을 통해 국가가 신분 보장을 하는 公務員型에서 그렇지 못한 非公務員型으로 급작스럽게 전환되는 과정과 이를 조금도 예상하지 못했던 상황을 살펴볼 수 있다.

것을 살펴볼 수 있다.

　일본 내 130개 은행을 대상으로 전국은행협회가 조사한 내용에 따르면, 은행의 2004년 9월 말 정규 직원 수는 29만 9,400명으로, 1994년 3월 말에 46만 2,700명에 이르렀던 이래로 계속 줄어 10년 동안 35%에 이르는 16만 3,300명이 감원되었다.[81] 그리고 이 감원은 현재에도 진행 중이며, 앞으로도 지속될 수밖에 없는 상황에 놓여 있다.[82]

---

81) 〈NIKKEI NET〉, 銀行員30萬人割れ, ピークの3分の2, 2004. 12. 28. 대형 은행에서는 더욱 심하여 절반가량 감원되었으며, 최근 2003년 3월에서 2004년 3월 사이 1년간 감원 규모만 보아도 리소나은행은 1,449명(14.6%), 미쯔이스미토모은행은 2,251명(11.4%), 미즈호은행은 1,464명(7.5%) 등 그 정도가 상당한 것을 알 수 있다(特別企劃　銀行123行の從業員動向調査　銀行從業員, 前年比1萬6100人の減少, Teikoku Databank, Ltd., 2004. 7. 2). 테이코쿠(帝國) Databank는 은행 직원 수 변동 사항을 각 금융 기관별(도시은행, 지역 은행 및 제2지역 은행)로 해마다 조사 발표하고 있는 바, 보다 상세한 내용은 이들 보고서를 참고할 것. 이와 관련하여 일본 내 금융 기관 종류와 해당 은행에 대해서는 http:// www.tradition-net.co.jp/link/kinyu.html 및 http://www.ffortune.net/social/money/bank/dainitigin.htm을 참조할 것.

82) 〈아사히신문〉(2005. 7. 16) 기사(銀行員, 11年連續で減少 前年比4.1%減)를 통해 테이코쿠 데이터뱅크(帝國 Databank)가 121개 은행(대형 은행 11, 지역 은행 63, 제2지역 은행 47)만을 대상으로 행한 조사에서 2005년 3월 말 시점으로 전년도와 비교하여 은행원 1만 1,220명(약 4.1%)이 감원된 것을 알 수 있다. 대형 은행의 경우 4.8% 감소하였는데, 2004년 3월에서 2005년 3월 사이 1년간 감원 규모는 미즈호은행이 1,997명(11.1%), 미쯔이스미토모은행이 1,208명(6.9%), 리소나은행이 772명(9.1%)으로 대규모로 진행된 것을 볼 수 있다. 또한 2004년 7월 14일 합병 의향 신청서 제출 이래로 2005년 10월 합병 예정이었던 토오쿄오비쯔비시(東京三菱)은행과 UFJ은행의 경우, 6월부터 두 은행간 시스템 접속 테스트를 진행하면서 토오쿄오비쯔비시(東京三菱)은행의 시스템으로 통합을 마무리지을 예정으로 합병 절차를 밟아(〈NIKKEI NET〉, UFJ, 三菱東京に經營統合を正式申し入れ, 2004. 7. 14. 및 〈每日新聞〉, 三菱UFJ システム統合作業大詰め 一體化は07年中, 2005. 7. 16와 〈讀賣新聞〉, 東京三菱銀·

이는 1980년대 후반부터 토지와 주식 가격이 실제 가치 이상으로 부풀어오르며 시작된 일본의 거품(Bubble) 경제가 90년대에 들어와 꺼지면서 당시 은행권에서 대출 담보로 삼았던 토지가 가격 폭락[83]으로 회수가 어려운 불량채권이 되었고, 또 경기 악화로 인해 과거에는 크게 문제가 되지 않았던 기업 대출이 새롭게 불량채권으로 편입됨에 따라[84] 은행권의 위기가 심화된 데 기인하고 있다.[85]

UFJ銀 合併1月以降に延期, 2005. 8. 4 기사 참조), 2006년 1월 1일 합병하였는데, 향후 이 은행에서도 적지 않은 감원이 이루어질 것으로 보인다.

83) 1990년 초 최고점을 기록한 지가는 이후 지속적으로 하락하고 있는데, 최고점을 이룬 1990년부터 2001년 3월 말까지 전국 평균 지가는 36.7% 하락, 전국 상업지는 53.8% 하락, 6대 도시의 상업지는 68.5% 하락하였다(小本惠照, ʻ地價下落と減損會計が企業に與える影響ʼ, エコノミストの眼, ニッセイ基礎研究所, 2002. 3. 18). 참고로 일본의 6대 도시는 東京(23區 27市 5町 8村 가운데 區지역), 요코하마(橫浜), 나고야(名古屋), 쿄오토(京都), 오오사카(大阪), 코오베(神戸)를 말한다(The Japan Real Estate Institute).

84) 일본에서는 전자의 경우에 의한 도산을 버블 도산이라 하고, 후자에 의한 경우를 불황형 도산이라 하는데, 이 후자인 불황형 도산이 계속 증가하면서 불량채권이 신규 발생하여 불량채권 문제가 쉽사리 해결되지 못하는 것을 알 수 있다.

85) 三和總合研究所, ʻ不良債權問題の現狀ʼ, 2001. 5. 29. 불량채권 처리 자금원을 보면, 92~93년도에는 업무순익 범위 내에서 처리되었지만, 94~99년도까지는 일관되게 불량채권처리액이 업무순익을 초과하는 상황이 지속되면서, 92년도 이후의 불량채권처리액과 업무순익의 격차 누계가 2000년 9월 결산 시점에서 약 27조 엔까지 커졌으며, 이 금액은 주식 매각 이익 확보, 자본 잠식, 공적자금 투입, 자산이었던 사택과 휴양소 등을 매각하는 수단을 통해 조달된 것을 볼 수 있다. 또 이 자료를 통해 92년도부터 2000년도 중반까지 68조 엔에 이르는 불량채권을 처리하였고, 2000년도 하반기에는 16개의 대형은행에서만 4조 4천억 엔의 불량채권을 처리하였지만, 불량채권 잔고 감소는 크게 이루어지지 않고, 오히려 불량채권의 후보인 준불량채권이 증가하는 가운데 새롭게 불량채권이 만들어지는 상황이 전개된 것을 알 수 있다.

96년 말 주택금융전문회사 7곳[86]에 공적 자금 6,850억 엔 투입, 97년 11월 도시 은행인 홋카이도오타쿠쇼쿠(北海道拓植)은행 파산에 따라 약 1조 7,732억 엔 투입, 98년 10월과 12월 연이은 니혼쵸오키신요오(日本長期信用)은행과 니혼사이켄신요오(日本債券信用)은행 파산에 따라 각각 3조 2,350억 엔과 3조 1,414억 엔 투입, 98년 3월과 99년 3월에 대형 은행에 공적 자금 약 9조 엔 투입 그리고 2003년 리소나은행 파산 등 최근 10년 동안 발생한 큰 사건[87]에서 은행권이 처한 상황을 잘 볼 수 있다.

당시 위기 상황을 맞아 일본 정부는 파산한 은행의 예금을 1996년부터 한시적으로 전액 보호하는 특례조치를 마련하여 약 17조 9,000억 엔에 이르는 공적 자금을 지원함으로써 금융시스템 안정화를 도모하였다.[88] 또 1998년 9월 위기관리를 위한 금융재생법안[89]을

---

86) 日本住宅金融, 第一住宅金融, 니혼하우징론(日本ハウジングローン), 쥬우타쿠론서비스(住宅ローンサービス), 住總, 總合住金, 찌긴세이호쥬우타쿠론(地銀生保住宅ローン)의 7社를 말한다.

87) 理事長談話, 預金等全額保護制度下における破綻處理(資金援助)の終了等について, 2004. 3. 6과 MSN-Mainichi INTERACTIVE, 大手銀の不良債券比率半減 今年こそゼロ金利に決別を, 2005. 5. 27 및 〈NIKKEI NET〉, 破たん168銀融機關處理, 國民負擔10兆円に, 2003. 3. 6 참조
파산한 금융기관의 예금을 전액 보호하는 특례조치가 1996년에 도입되어 이 해 10월부터 2003년 3월까지 파산한 금융기관 168곳에 자금 증여를 통해 지원하였는데 전체 액수는 17조 8,840억 엔에 이르며, 이 가운데 9조 9천억 엔은 정부가 채권을 발행하여 자금을 마련한 것으로, 국민 부담이 된 것을 알 수 있다.

88) 金融審議會, ‘特例措置終了後の預金保險制度及び金融機關の破綻處理のあり方について 金融審議會答申’, 1999. 12. 21. p.1 및 〈NIKKEI NET〉, 앞의 기사 (2003. 3. 6) 참조
90년대 말 심각한 금융 위기를 맞기 이전에는 금융기관이 파산한 경우 정부가 후원하

만들어 대형 은행의 경우 국가가 모든 주식을 취득하여 공적 관리를 할 수 있는 근거를 만들었고, 이를 바탕으로 하여 2003년 리소나은행에 대해 공적 자금 2조 엔을 투입하였다. 이 과정에서 리소나은행의 기존 주주에게 책임을 묻지 않음으로써 정부가 은행 주주를 지킨다는 인식을 갖게 해, 은행 및 관련 기업 주식이 안정적으로 거래되도록 하였다.[90] 또 정부는 불량채권으로 위기에 처한 금융시스템의 신뢰 회복을 위해 2002년 10월 대형 은행의 불량채권 문제를 현재의 절반으로 낮추는 동시에 구조 개혁을 떠받치는 강력한 금융시스

였던 예금보험기구에서의 지불로 보증된 예금은 1천만 엔까지였으나, 1996년에 5년간의 긴급조치로 이러한 한도를 없애 무제한 보증하도록 하였는데, 금융위기 속에서 예금자가 공황을 일으켜 위기를 더욱 악화시킬 것을 염려했기 때문이었다. 이 긴급 조치는 2001년과 2002년에 두 차례 연장되었는데, 예금자가 안전하지 않다고 생각한 금융기관에서 예금을 찾음으로써 이들 금융기관이 파산하게 될 것을 정부가 염려했기 때문인 것을 볼 수 있다(FPCJ, ペイオフ制度實施 金融システム安定に自信, 2005. 4. 4). 이처럼 한시적으로 무제한 보증을 했던 예금 보호 제도는 2004년 4월부터 원금 1천만 엔까지와 그에 덧붙은 이자를 보호하도록 바뀌었다.

89) 금융재생법안은 ① 실패를 거듭한 大藏省·金融監督廳 대신 금융재생위원회가 위기관리를 하고, ② 대형 은행의 경우 파산 때 악영향이 너무 크므로 국가가 전 주식을 취득하여 공적 관리하면서 필요 가능한 경우에는 민영화하며, ③ 그 전까지 행정과 은행간 담합으로 문제를 미루어 온 것을 집중 검사하여 은행 경영 실태를 투명하게 하고, ④ 일본판 RTC(Resolution Trust Corporation, 整理信託公社)를 설립하여 강력하게 불량채권을 회수하며, ⑤ 은행을 연명시켜 온 우선주 매입을 폐지하는 내용 등을 골자로 하고 있다(衆議院소속 에다노유키오(枝野幸男)의원 사이트 http://www.edano.gr.jp/ docs/1998. 09. 03. html 참조할 것).

90) 코바야시(小林慶一郎)는 은행주를 중심으로 관련 기업주 등의 주식이 팔린 이유가 이 때문임을 거론하면서, 은행과 관련 기업이 건전화하였기 때문에 주식이 팔린 것이 아니라 정부가 구제할 것을 믿어 주식이 거래된 것에 우려를 표명하고 있다. 이와 관련된 구체적인 사항은 〈아사히신문〉 기사(小林慶一郎, 危機は消えたのか, 2003. 10. 19)를 참조할 것

템 구축을 목표로 행정 실사를 강화하는 금융재생프로그램[91]을 도입하였다. 그리하여 이들 은행의 2002년도 불량채권 비율(8.4%)을 2004년도까지 절반(4.2%)으로 줄이는 정책[92]을 추진하였다.

그 결과 2005년도 3월 결산에서 대형 은행을 소유한 주요 7개 금융그룹[93]의 불량채권 비율은 2.9%로 낮아졌고, 불량채권 잔고는 전년도 같은 시기의 잔고 약 14조 100억 엔에 비해 거의 절반 이상 감소되어 약 7조 6,900억 엔이 되었다.[94] 그리고 주요 매스컴은 이를

---

91) 우리의 금융감독원에 해당하는 킨유우쵸오(金融廳)는 이 금융재생법에 따라 2005년 3월까지 대형 은행은 불량채권 비율을 4%, 그 이외(지역 은행, 제2지역 은행, 신용금고 등)는 5%까지 하도록 하였다. 참고로 이는 타케나카헤이조오(竹中平藏 : 경제학자로 현 參議院 의원) 금융경제 담당자가 책정하였는데, 그 구체적 내용은 http://www.keizai-shimon.go.jp/explain/pamphlet/0303/rebirth.html 참조할 것

92) 그 구체적인 내용은 內閣府, 平成15年度 年次經濟財政報告(經濟財政政策擔當大臣報告) - 改革なしくて成長なしⅢ, 平成 15年 10月 참조할 것. 참고로 이 자료에서는 주요 11개 은행의 불량채권 비율이 2001년도에 8.4%, 2002년도에 7.2%로 기록되어 있으나, 보고서(RIETI 經濟産業硏究所, 金融改革プログラムについて, 2005. 3. 1 등)와 매스컴 등 다른 공식 자료에서는 2002년 3월期에 8.4%로 기록되어 차이를 보이고 있는 바, 이 수치와 관련해서는 金融廳을 통해 공식 발표된 후자의 공식 자료를 이 글에서 사용하도록 하였다.

93) 미즈호파이낸셜그룹, 미쯔비시토오쿄오(三菱東京)파이낸셜그룹, 미쯔이스미토모(三井住友)파이낸셜그룹, UFJ홀딩스, 리소나홀딩스, 스미토모신타쿠(住友信託), 미쯔이(三井)트러스트홀딩스를 말한다. 그리고 대형 은행에는 테이코쿠 데이터뱅크 자료를 통해 이들 7대 금융그룹에 속하는 11개 은행 즉, [미즈호은행·미즈호코퍼레이트은행·미즈호신타쿠은행], [토오쿄오미쯔비시(東京三菱)은행·미쯔비시신타쿠(三菱信託)은행], [미쯔이스미토모(三井住友)은행], [UFJ은행·UFJ신타쿠은행], [리소나은행], [스미토모신타쿠(住友信託)은행], [츄우오오미쯔이신타쿠(中央三井信託)은행]이 속하는 것을 알 수 있다.

94) 이에 대한 상세한 내용은 鈴木博, '收益力向上に課題を殘す大手金融グループの決算', 農林中金總合硏究所, 2005. 7 참조할 것

알리는데 적극 나섰다.[95]

　그런데 이들 대형 은행을 벗어나 지역 은행과 제2지역 은행을 살펴보면[96] 문제가 심각해진다. 우리의 금융감독원에 해당하는 킨유우쵸오(金融廳)가 이들 은행 113곳을 대상으로 공표한 2005년도 3월 결산 내용을 보면 이들 지역 은행의 불량채권 잔고는 전년도에 비해 18.8% 감소한 약 10조 4,000억 엔, 불량채권 비율은 5.5%에 이르고 있다.[97] 이는 미국의 경우 불량채권 문제로 어려움을 겪었던 최악의 시기에도 은행 대출 잔고의 4% 정도였던 것과 비교할 때 대단히

---

95) 〈讀賣新聞〉, 銀行の不良債權 7大グループ「半減」達成, 2005. 5. 26, MSN-Mainichi INTERACTIVE, 大手銀の不良債權比率半減, 今年こそゼロ金利に決別を, 2005. 5. 27 및 ロイター, 大手11行の不良債權比率 2.9%に低下=金融廳, 2005. 5. 25 참조
이들 7개 금융그룹은 불량채권 잔고를 크게 낮추어 재무 체질을 개선하였지만, 기업의 대출 감소로 본업인 대출 부문에서 이익이 줄면서 2001년 이래 2004년까지 매출총이익이 감소하고 있어, 이를 인건비와 물건비 등 영업비용을 삭감하여 벌충함으로써 업무 순익 저하를 회피하여 온 상태이다. 따라서 위기 상황에서는 벗어났지만 수익구조를 둘러싼 문제점으로 불량채권 문제를 완전히 해결하기 위해서는 구조 개선을 위한 노력과 함께 여전히 상당한 시간이 필요할 것으로 전문가들은 보고 있다(矢嶋康次, 'コストに耐える時代から', ' 積極的な收益獲得の時代に', 'エコノミストの眼', ニッセイ基礎研究所, 2005. 2. 7 및 鈴木博, 앞의 자료 참조).
96) 대형 은행의 불량채권 문제 해결을 위해 '금융재생프로그램'을 책정한 것과 마찬가지로, 중소 및 지역 금융기관의 불량채권 문제 해결을 위해 '릴레이션쉽뱅킹의 기능 강화에 관한 액션프로그램'을 2003년 3월에 책정 공표하였는데, 그 자세한 내용에 대해서는 金融廳의 'リレーションシップバンキングの機能强化に關するアクションプログラム' 및 RIETI 經濟産業研究所, '金融改革プログラムについて', 2005. 3. 1 참조할 것
97) 〈Kyodo news〉, 地銀の不良債權19%減少 3月期集計, 健全化進む, 2005. 6. 14 참조

높다는 사실을 알 수 있다.[98]

특히 이들 가운데 10곳에서는 불량채권 비율이 10%를 넘는데, 리소나은행의 파산 직전 불량채권 비율이 9.98%였던 것을 참고하면 그 심각성을 쉽게 알 수 있다.[99] 이에 따라 일본 정부는 2004년 8월 시행한 금융기능강화법에서, 2008년 3월까지의 한시적 조치로서 건전한 금융기관에도 예방 차원의 공적 자금을 투입할 수 있도록 규정을 마련하여 2조 엔의 자원을 확보한 가운데, 2004년 10월 이후 은행간 합병을 진행[100]하고 있다.[101]

---

98) 이와 관련해서는 長野縣金融廣報委員會 主催 長野縣金融經濟セミナー, 「渡辺孝, ペイオフ解禁と金融機關の不良債權問題」, 2002. 6. 29 자료 참조할 것

99) 더욱이 실제 자산이 아닌 繰延稅金자산을 계상하여 자산을 부풀린 경우로써 이 쿠리노베제이킨(繰延稅金)자산 비율이 50%를 넘는 은행도 5곳 있으며, 일부 은행은 이들 두 경우(불량채권 비율과 繰延稅金資産 비율)에 모두 해당되고 있어 매우 심각한 상황임을 알 수 있다.

100) 2004년 10월 이후 합병이 진행 중인 은행을 보면 야마가타시아와세(山形しあわせ)은행과 쇼쿠산(殖産)은행, 칸토오쯔쿠바(關東つくば)은행과 이바라키(茨城)은행, 모미지홀딩스(もみじホールディングス)와 야마구찌(山口)은행, 와카야마(和歌山)은행과 키요오(紀陽)은행이 있다. 이러한 합병과 관련하여 이바라키은행(11.59%, 46위)과 와카야마은행(12.31%, 47위)이 그 대상인 것에 대해 수긍하지만, 후쿠시마(福島)은행(13.2%, 48위)이 그 대상에 들어가지 않은 것 등에 대해 의문을 표하면서 명확한 기준을 세울 것을 요구하는 의견(GENDAI NET, 「笹子勝哉, 地銀の統合·合併 求められる明確な基準」, 2005. 7. 2)을 볼 수 있다.

101) 〈Yahoo!ファイナンス〉, 特集 : ペイオフ全面解禁 地銀で相次ぐ經營統合, それでも殘る不安の芽, 2005. 3. 29. 이 자료는 일본 킨유우쵸오(金融廳)가 개회 중인 통상 국회에서 衆院財務金融委員會에 제출한 약 20매 분량의 A4 자료에 담긴 700개에 이르는 주요 은행, 지역 은행, 제2지역 은행, 신용금고, 신용조합에 걸친 모든 예금 취급 금융 기관의 재무 데이터를 근거로 금융분석가가 지역 은행이 처한 위기와 합병 움직임 및 지역 은행의 존립을 위협하는 대형 은행의 진출 등에 대하여 분석한 내용을 수록하고 있는데, 현 상황을 잘 알려주는 자료라 하겠다.

그런데 지역 경제 및 중소기업과 깊은 연관성을 지닐 수밖에 없는 이들 지역 은행은 불량채권 문제 이외에도 어려움을 겪고 있는 지역 경제 문제와 지방 진출을 가시화한 대형 은행과의 경쟁에 직면하고 있어 그 생존을 위해서는 더욱 힘든 구조 개혁 과정을 거칠 수밖에 없다. 따라서 고정비 삭감을 위한 인원 감축 과정이 앞으로도 이어질 수밖에 없을 것으로 전망된다.[102]

이외에도 2000년에 그 감독권이 소속 지방자치단체에서 킨유우쵸오(金融廳)로 이전된 일본의 신용금고와 신용조합의 상황에 대해 거론하지 않을 수 없는데, 불량채권 비율이 10%를 넘는 신용금고와 신용조합의 경우 그 비율이 각각 54.6%와 55.8%에 달하고 있어 지역 은행의 경우보다 더 심각한 문제를 안고 있다는 사실을 쉽게 알 수 있다.[103]

한편 경제적 여건에 크게 영향을 받는 기업에서는 보다 직접적으로 90년대 이래 감원을 통한 구조 개혁이 진행되어 오고 있는데, 이는 시기 별로 약간씩 다른 특징을 보이고 있다.

우선 1993년~94년도에 단행된 구조 개혁의 경우 80년대 후반 거품 경제 속에서 고성장을 기대하고 고용과 설비를 늘렸으나, 거품이 꺼지면서 급격한 수요 감퇴 속에서 가동률이 저하되었으므로 수익성 회복을 위한 고정비 삭감이 급선무가 되어 당시 감량 경영 목

---

102) 이러한 상황으로 인해 일본의 16개 지방 은행장과 임원이 우리나라 지방 은행인 대구은행을 벤치마킹하기 위해 방문한 것을 알 수 있다. 이에 대해서는 〈헤럴드경제〉 기사(일본 지방 은행 한국서 한수 배워, 2005. 8. 24) 참조할 것
103) 이와 관련된 구체적인 내용은 第一生命經濟研究所 經濟調査部, '個人マネーの群像 : 地域別預金動向と中小金融機關の問題', 2004. 12. 28 참조할 것

표 아래 대량 감원이 이루어졌다.[104] 이에 따라 리스트럭춰링(Re-structuring : 구조개혁, 기업재구축)의 일본식 용어인 '리스토라'는 감원을 뜻하는 용어로 사용되었다.

다음으로 1999년도 이래 진행 중인 구조 개혁의 경우 앞의 상황에 더하여 90년대 내내 수익성 악화 문제가 지속되자 기업 내 과잉인원·과잉채무·과잉설비 문제를 단순한 고정비 삭감 문제가 아닌 구조적 문제로 인식하게 되었고, 이에 따라 본래의 의미로서의 구조개혁(Restructuring)을 추구하려는 움직임이 나타나고 있다.[105]

닛산자동차는 후자의 경우로 비록 외국인 경영자 아래서 구조 개혁이 이루어졌지만, 이를 통해 일본 기업 내 인원 감축 상황의 일면을 엿볼 수 있다. 닛산자동차는 90년대 말 경영 위기를 맞았다. 이에 프랑스 르노자동차(Renault SA) 측에서는 1999년 3월 닛산자동차 주식 35%를 취득한 후 카를로스 곤(Carlos Ghosn) 최고운영책임자(COO)를 파견하여 전체 정규직 14만 8천명 가운데 14%에 달하는 2만 1천명을 감원하고, 일본 내 생산 능력의 30% 정도를 줄이는 구조 개혁을 단행한 바 있다.

이 개혁을 통해 닛산자동차는 2001년 3월 평가에서 매상고가 6조 1천억 엔으로, 직전 시기와 비교하여 총액은 거의 그대로지만 영업 이익은 2배 이상인 2,200억 엔, 세후 당기이익은 2,500억 엔의 성과를 내면서 99년 3월 말 6,844억 엔의 적자를 낸 것과는 완전히 달라졌다.[106]

---

104) 이와 관련해서는 高橋良子, '企業リストらの現狀と展望について', 日銀調査月報 2月號, 2000. 2. 3 참조
105) 앞의 논문 참조할 것

　이러한 닛산자동차의 경우를 포함해 주목되는 것은 상장 기업의 경우 2003년 3월 결산에 나타난 결과로서, 감원 등 철저한 구조 개혁 노력으로 매상고는 이전과 크게 변화가 없지만, 세전이익은 전년도와 비교하여 4배에 가까운 수익을 올리는 체질로 바뀌었다는 사실이다.[107]

　거품 경제 붕괴와 오랜 불황의 영향은 일본 내 취업자에 관련된 수치 변화를 통해 확인해 볼 수 있다. 연평균 취업자 수를 살펴보면 1998년에는 6,514만 명이었으나, 1999년 6,462만 명(전년 대비 52만 명 감소), 2000년 6,446만 명(전년 대비 16만 명 감소), 2001년 6,412만 명(전년 대비 34만 명 감소), 2002년 6,330만 명(전년 대비 82만 명 감소), 2003년에는 6,316만 명(전년 대비 14만 명 감소)으로 180만 명 가까이 감소한 것을 알 수 있다. 그리고 민간 기업의 구조 개혁 성과 속에 2004년에는 연평균 취업자 수가 6,329만 명으로 전년도에 비해 13만 명 늘어났지만, 1998년부터 2004년 사이에 185만 명의 취업자가 감소한 사실을 알 수 있다.[108] 그런데 무엇보다도 과거와 달라진 것은 이들 취업자 가운데 비정규직 종사자가 급증하였다는 점이다.

---

106) 〈NHK放送〉, 日産のリストらについて, 1999. 10. 24와 關東地連 メールニュース-03-28號, 2004. 1. 15 등 참조
107) 코바야시(小林慶一郎)는 기사(〈每日新聞〉, 2003. 10. 19)에서 미즈호總合研究所에서 상장 기업에 대해 분석한 내용을 거론하며 이에 대하여 밝히고 있다.
108) 厚生勞働省 자료「平成10年版勞働經濟の分析, 1998. 10」,「平成11年版勞働經濟の分析, 1999. 7」,「平成12年版勞働經濟の分析, 2000. 6」,「平成13年版勞働經濟の分析, 2001 .7」,「平成14年版勞働經濟の分析, 2002. 7」,「平成15年版勞働經濟の分析, 2003. 8」,「平成16年版勞働經濟の分析, 2004」참조

일본이 처한 경제적 어려움 속에서 급여 삭감과 더불어 진행 중인 이러한 인원 감축은 일본 내 사회 구성원들이 현실적으로 고용 불안을 느낄 수밖에 없는 주요 원인이 되고 있는 것이다.[109]

---

109) 이상의 분석 내용을 종합해 볼 때, 현대 일본 사회에 종신 고용의 전통이 지속되고 있다고 주장한 애브글린(James C. Abegglen) 박사의 견해는 일부 기업에 국한된 특성을 일본 사회의 보편적 현상으로 지나치게 확장하여 해석한 결과라 아니할 수 없겠다.

구조 개혁 대상이 된 일본의 특별회계

    국가에서 일반적인 세입과 세출을 종합적으로 경리하는 회계를 일반회계라고 하는데, 일본 정부의 일반회계 세입 항목은 세수와 기타 수입 및 공채 발행으로 편성되고 있다.[110] 또 일반회계 세출 항목은 국채비, 지방교부세교부금, 사회보장관계비, 공공사업관계비, 문교 및 과학진흥비, 방위관계비, 온큐우(恩給)관계비(일정기간 근속 후 퇴직한 공무원과 군인 또는 이들의 유족에게 국가가 온큐우법(恩給法)에 기초하여 지급하는 연금 또는 일시금), 경제협력비, 식량안정공급관계비, 에너지대책비, 중소기업대책비, 산업투자특별회계 편입, 지방

---

110) 표를 통해 일반회계 세입 규모가 80년대 초 50조 엔대에서 2005년 현재 80조 엔대로 팽창하는데 비례하여, 국채가 차지하는 비중 역시 90년 초 20%대에서 40%대로 2배 규모로 크게 확대된 것을 알 수 있으며, 이 가운데 특례 공채가 5~7배 가까이 늘어난 것이 주목된다.

특례교부금 그리고 그 외 경비로 구성되고 있다(표 7과 8 참조).

표 7. 연도별 일반회계 세입 구성(자료 : 財務省主稅局調)

세입 내역 / 연도	일반회계 세입 (단위 억 엔)	조세 (소득세, 소비세, 법인세, 휘발유세, 주세, 상속세, 담배세, 자동차중량세, 관세, 석유세, 인지수입 등) (단위 억 엔)	국채				기타 수입 (단위 억 엔)
			건설공채 (단위 억 엔)	특례공채 (단위 억 엔)	합계 (단위 억 엔)	공채의존도 (단위 %)	
1982	496,808	366,240	65,160	39,240	104,400	21.0	26,168
1984	506,272	345,960	62,250	64,550	126,800	25.0	33,512
1986	540,886	405,600	57,000	52,460	109,460	20.2	25.826
1988	566,997	450,900	56,900	31,510	88,410	15.6	27,687
1990	662,368	580,040	55,932	-	55,932	8.4	26,396
1992	722,180	625,040	72,800	-	72,800	10.1	24,340
1994	730,817	536,650	105,092	31,338	136,430	18.7	57,737
1996	751,049	513,450	90,310	119,980	210,290	28.0	27,309
1998	776,692	585,220	84,270	71,300	155,570	20.0	35,902
1999	818,601	471,190	93,400	217,100	310,500	37.9	36,911
2000	849,871	486,590	91,500	234,600	326,100	38.4	37,181
2001	826,524	507,270	87,600	195,580	283,180	34.3	36,074
2002	812,300	468,160	67,900	232,100	300,000	36.9	44,140
2003	817,891	417,860	64,200	300,250	364,450	44.6	35,581
2004	821,109	417,470	65,000	300,900	365,900	44.6	37,739
2005	821,829	440,070	61,800	282,100	343,900	41.8	37,859

이러한 일반회계와는 별도로 일본의 재정법에서는 특별 사업을 시행
하기 위한 회계로서 일반회계와 구분한 특별회계 설치 규정을 예외

표 8. 일반회계 세출 내역(財務省 자료)

연도 세출내역	2000		2005	
	세출액(단위 억 엔)	구성비(%)	세출액(단위 억 엔)	구성비(%)
국채비	219,653	25.8	184,422	22.4
지방교부세교부금 등	149,304	17.6	160,889	19.6
사회보장관계비	167,666	19.7	203,808	24.8
공공사업관계비	94,307	11.1	75,310	9.2
문교 및 과학진흥비	65,222	7.7	57,235	7.0
방위관계비	49,358	5.8	48,564	5.9
온큐우(恩給)관계비	14,256	1.7	10,693	1.3
경제협력비	9,842	1.2	7,404	0.9
식료안정공급관계비	2,239	0.3	6,755	0.8
에너지대책비	6,351	0.7	4,954	0.6
중소기업대책비	1,943	0.2	1,730	0.2
산업투자특별회계로의 편입	1,595	0.2	710	0.1
기타 사항 경비	68,134	8.0	59,356	7.1
합계	849,871	100	821,829	100

적으로 두고 있다.[111]

이에 따라 편성된 일반회계와 특별회계 예산 규모를 보면 2005년

---

111) 財政法(1947년 법률 제34호) 제13조 제1항에서 일반회계와 특별회계로 구분되고 있고, 동법 제2항에서 국가가 특정 사업을 시행하는 경우, 특정 자금을 보유하고 그 운용을 행하는 경우 이외 특정한 세입을 갖고서 특정한 세출에 충당하여 일반 세입 세출과 구분하여 경리할 필요가 있는 경우에 한하여, 법률로서 설치하는 것으로 되어 있다.

도 일본 정부의 회계에서 일반회계는 약 82조이고, 특별회계[112] 는
약 412조 엔인 것을 알 수 있다(표 9 참조).[113]

표 9. 일반회계 및 특별회계 예산(자료 : 總務省 및 經濟財政諮問會議)

연도 회계구분	2003	2004	2005
일반회계 예산	약 81조 58천억 엔	약 82조 엔	약 82조 엔
특별회계 예산	약 366조 엔 (일반회계로부터의 편입액 포함)	약 387조 엔 (일반회계로부터의 편입액 47조 포함)	약 412조 엔 (일반회계로부터의 편입액 48조 포함)

　일본의 특별회계는 우리의 기금에 해당하는 국민연금 등이 포함
되어 있기 때문에[114] 그 규모가 상당하여, 일반회계의 5배 가까운 규

---

112) 특별회계에는 2003년까지 모두 32개 항목이 있었으나, 2003년 말 국립학교특별
회계가 폐지됨에 따라 이후 2005년 시점으로 모두 31개 항목이 있으며, 이는 다음과
같다.
① 나라의 사업 수지를 명확히 한다는 명분을 지닌 사업특별회계에 국유임야사업·지
진재보험·선원보험·노동보험·삼림보험·무역재보험·후생보험·국민연금·농업공제재
보험·어선재보험 및 어업공제보험·국영토지개량사업·도로정비·치수·항만정비·공항
정비·등기·특정국유재산정비·국립고도전문의료센터·식량관리·농업경영기반강화조
치·특허·자동차손해배상보장사업·자동차검사등록·산업투자·도시개발자금융통의
25항목, ② 나라의 자금 운용 수지를 명확히 한다는 명분을 지닌 자금운용특별회계에
재정융자자금·외국위체자금의 2항목 그리고 기타 항목으로서 ③ 교부세 및 양여세배
부금·국채정리기금·전원개발촉진대책·석유 및 에너지 수급구조고도화대책의 4항목
을 포함하여 모두 31항목이다.
113) 이와 관련해서는 經濟財政諮問會議, 特別會計の改革について, 平成 17年 4月
27日과 總務省, 特別會計制度の活用狀況に關する政策評價書, 平成 15年 10月
및 〈요미우리(讀賣)신문〉 기사(2004. 6. 22) 참조할 것

모에 이르고 있다.

그런데 국가 수지를 명확히 한다는 명분 아래 법률로 설치된 특별 회계에 대해 투명성 문제가 최근 제기된 가운데,[115] 이를 빌미로 일본 정부는 투명성 확보를 위한 실제적 처방보다는 비용 삭감에 중점을

---

114) 우리나라의 경우 중앙 재정은 일반회계와 특별회계(22항목) 그리고 기금(57항목)으로 구성되고 있고, 국민연금의 경우 기금에 속하고 있는 바, 이를 통해 일본의 특별회계에는 우리나라의 기금에 해당하는 항목도 포함시켜 구성하고 있는 것을 볼 수 있다. 우리의 경우와 관련해서는 강인재 외 4인, 《일반회계, 특별회계와 기금의 차이》, 한국행정연구원, 2004. 12 참조

115) 2004년 6월 22일자 〈요미우리(讀賣)신문〉에서는 이에 대하여 특별회계 자금은 일반회계로부터 편입과 독자 재원, 민간으로부터 차입 등이 뒤얽혀 입출 내역이 알기 어려우며, 국회 등에서도 이를 추적하기 어려웠기에 이를 맡는 관청이 자신의 금고처럼 자유롭게 예산을 사용하였다고 밝히고 있다. 한편 재정경제부에 해당하는 일본의 자이무쇼오(財務省)에서는 2004년도 특별회계 사업을 수정하여 5,000억 엔 이상을 실질적으로 삭감한 가운데 2005년도 예산편성에서 經濟財政諮問會議는 이들 특별회계를 맡은 부서에 개혁안을 작성하도록 하였고, 財務相의 자문기구인 財政制度等 審議會에서는 민간기업의 회계 수법을 도입하도록 요청하고 있다. 이에 대하여 加藤弘之는 〈요미우리신문〉에 게재한 그의 글(特別會計見直し本格化)에서 이러한 대책으로 특별회계에서 낭비를 없애는 것이 가능할지 자문하고 있다.

116) 이에 따라 정부는 특별회계의 각 항목별로 ① 비용 삭감과 수익성 개선을 취하거나(국유임야사업·식량관리·어선재보험 및 어업공제보험 등), ② 차입 잔고를 줄이도록 중기 목표를 정하여 상환 계획을 명확히 하거나(공항정비·국영토지개량사업·특정국유재산정비 등), ③ 특별회계에서 보유한 복지시설을 원칙적으로 폐지하여 민간에 맡기거나(후생보험·국민연금·노동보험 등), ④ 보험사업의 경우 민영화와 독립행정법인화 및 다른 보험과의 통합을 검토하거나(삼림보험·지진재보험·선원보험 등), ⑤ 국민에 대해 이해하기 쉽게 설명(국채조정기금, 외국위체자금, 교부세 및 양여세 배부금 등)할 수 있도록 하는 개혁안을 작성, 추진중이다(자료 : 經濟財政諮問會議, '特別會計の改革に向けて', 平成 16年 9月 10日 및 經濟財政諮問會議, '特別會計の改革について', 平成 17年 4月 27日).
특별회계의 전 항목을 대상으로 투명성을 확보하기보다는 비용 삭감 혹은 절감에 중

둔 개혁을 본격적으로 거론하고 있다.[116] 정부의 재정 부문을 개혁할 수밖에 없는 악화된 일본의 재정 상황을 엿볼 수 있는 대목이다.

점을 두면서, 일부 항목만을 국민에게 이해하기 쉽도록 한다는 개혁안은 특별회계 개혁의 본질이 다른 데 있음을 대변하는 바, 현재의 급한 재정 상황을 해결하기 위한 조치임을 알 수 있다.

06

사회 문제로 떠오른 프리터

– 생산성 저하 및 만혼·출산율 저하의 악순환

2004년 3월 7일 일본 국영방송인 〈NHK〉에서는 '21세기 일본의 과제 : 프리터 417만 명의 충격'[117]이라는 주제로, 현재 사회적 문제로 떠오른 프리터[118] 계층에 대해 심층 분석한 취재 내용을 방영하였다.

---

117) 원래 제목은 '21世紀 日本の課題 フリーター－417萬人の衝擊'

118) 일본말로는 '후리이타아' 라 하며, 이들 계층을 후리이타아조크(フリーター－族)라 하고 있다. 우리나라 매스컴에서는 영어와 독일어를 혼용해 만든 이 일본식 외래어를 그대로 도입하여 프리터라는 말로 소개하면서 이들 계층에 대해서도 프리터족이란 용어로 기사화하는 것을 볼 수 있다. 그런데 현재 일본 정부는 이 '후리이타아' 란 용어를 성립 초기의 뜻과 다르게 정규직 사원이 아닌 근로자로서 일할 의사를 지닌 이를 뜻하는 말로 사용하고 있으므로, 그 속에는 파트타임 근로자와 아르바이트 종사자, 무직자, 계약직 사원 및 파견 사원 등 정규직 종사자가 아닌 비정규직의 다양한 계층이 속하고 있다. 따라서 이 글에서는 이들 후리이타아를 프리터로, 이들 집단인 후리이타아조크에 대해서는 프리터 계층으로 적도록 한다.

프리터란 '자유로운'이란 뜻의 영어인 프리(Free)와 '노동자'란 뜻의 독일어인 아르바이터(Arbeiter)를 결합해 만든 일본말이다. 원래 문예에 종사하는 직업처럼 곧바로는 생활 기반이 안정되지 않는 목표를 추구하면서 생활을 위해 아르바이트를 하는 젊은이들에 대해 응원하는 감정을 담아 지칭하던 용어로서, 80년대 후반 거품 경제로 호황을 누리던 시기에 일본에서 등장하였다.[119]

그런데 90년대 초 거품 경제가 꺼지며 디플레이션과 함께 장기간에 걸친 경기 침체로 고용 환경이 악화되면서 정규직 자리를 희망하여도 임시직이나 아르바이트 자리밖에 없는 상황이 되면서, 이 프리터의 원래 뜻도 달라졌다.

정부기관인 나이카쿠후(內閣府)[120]에서는 현재 프리터를 '학생과 주부를 제외한 15세에서 34세까지의 젊은이 가운데 파트타임 근로자와 아르바이트 종사자, 파견 근로자 등과 일할 의지를 지닌 무직자'라고 정의하고 있다. 즉, 정규직 사원이 아닌 근로자로서 일할 의사를 지닌 이를 말하는데, 이들의 숫자가 1990년에 183만 명이었던 것이 2001년에 이르러 417만 명으로 급증한 것으로 매년 일본 정부가 발간하는 국민생활백서에서 기록하고 있다.[121]

---

119) 〈讀賣新聞〉 기사(増えるフリーター, 2003. 6. 24)

120) 원래 소오리후(總理府)로서 일본 수상이 최고 책임자로 있는 정부 기관이었는데, 2001년 정부 조직 개편을 하면서 나이카쿠후(內閣府)로 이름을 바꾸었다.

121) 平成 15年版 《國民生活白書》. 참고로 우리의 노동부에 해당하는 코오세이로오도오쇼오(厚生勞働省)에서는 프리터에 대한 정의를 '파트 타임 근로자와 아르바이트 종사자 및 이를 희망하는 무직자'로 하여, 나이카쿠후(內閣府)가 프리터 속에 포함했던 '파견근로자와 계약직 근로자 등과 정규직 사원을 희망하는 무직자'를 제외시키고 그 수를 산출하고 있다. 따라서 그 수는 대폭 줄어 1990년에 90만 명 정도에서 2001

일본 공영 방송인 〈NHK〉에서는 이러한 프리터에 대하여 특집 방송을 제작하였다. 이 방송을 통해 불경기로 인건비를 줄여야 하는 상황에 처한 많은 기업들이 프리터를 모집하면서 이 시기 젊은층의 노동 인력(주부와 학생 제외) 5명 가운데 1명이 프리터가 된 사실을 알수 있다. 또 이들 프리터는 입사 후 퇴직 때까지 퇴직금까지 포함한 전체 급여 수입이 정규직 사원의 1/4 정도이며, 평균 납세액도 정규직의 1/5밖에 되지 않는다. 따라서 이들이 증가할수록 소비가 침체되고 세수도 감소할 수밖에 없는 부분에 주목하고 있는 것을 알 수 있다.

표 10. 프리터와 정사원의 수입 비교(자료 : 〈요미우리신문〉 2004. 5. 24)

	15~34세의 평균 연수입	입사 후 퇴직 때까지 퇴직금까지 포함한 전체 급여 수입
프리터	105만 엔	5,200만 엔
정사원	387만 엔	2억 1,500만 엔

평균 연수입이 105만 엔, 한달 평균 9만 엔 정도로 생활[122]해야 하

년에 이르러 200만 명 정도이며, 2004년에는 213만 명인 것을 알 수 있다. 반면 나이카쿠후의 정의에 따른 프리터 수는 2001년까지만 발표되고 있다.

122) 東京 지역의 경우 종류(맨션/아파트), 전철역과의 거리, 건립연도 등에 따라 그 가격이 매우 차이가 나지만, 9~10평 규모 맨션의 한달 임대료가 대개 8~10만 엔(2004년 11월 기준)인 것을 참조할 때, 프리터의 급료로는 생활비가 되지 않는 것을 알 수 있다(임대료와 관련해서는 http://www.heya.to/bukken/chiikiichiran.htm 참조 바람). 참고로 〈후지텔레비젼〉에서는 가난하게 사는 이들을 대상으로 누가 더 최소한의 경비로 생활하고 있는지를 가리는 '錢金金太郎' 라는 프로그램을 방영하였는데,

는 이들 프리터의 경우 결혼을 하지 않거나 늦게 결혼한다.[123] 이로 인해 출산율이 낮아 출생률 저하로 이어지고 있으며, 더 나아가 젊은층의 직업 능력 저하로 일본 내 산업 경쟁력까지 손실을 가져오는 문제점이 드러나면서 일본 사회의 큰 고민거리가 되고 있다.[124]

이 방송을 통해 월 10만 엔 정도의 수입으로 생활하는 이들의 경우 6~7만 엔 정도를 월세로 지출하고 있었고, 이에 해당하는 주거는 아주 오래된 목조 아파트로서 주거 환경이 매우 열악한 것을 볼 수 있다.

123) 慶應義塾大學의 通口美雄 교수가 20~30대 여성 2,000명을 대상으로 10년에 걸쳐 조사한 결과를 발표(〈週刊エコノミスト〉 5月 4日 11日號)하였는데, 여기에서 이들 프리터는 결혼하지 않는 비율이 높고 결혼을 하여도 프리터끼리 할 가능성이 높으며, 이 경우 서로의 수입이 적으므로 결혼을 망설이는 경우가 많다는 사실을 알 수 있다.

124) 이 정도 수입으로는 일본에서 생활이 쉽지 않은 바, 월 9만 엔의 급료를 받던 미용견습생이 생활비 부족으로 자신의 전라(全裸) 사진을 휴대전화로 판매하다가 체포된 경우도 볼 수 있다(〈讀賣新聞〉, 自分の全裸寫眞, 携帶で大安賣り 生活難の23歲女, 2005. 8. 10).

거품 경제 붕괴 후에도 지속되는
대규모 재개발 계획

1996년 11월 25일 필자는 타이세이켄세쯔(大成建設) 연수센터에서 일본의 도시 개발 사업과 도심지 재개발에 관한 수업에 참여하고 있었다. 이 자리에서 개발 업무를 담당하고 있는 강사 쿠와바라 쥰[125] 씨와 히토미 키요시[126] 씨로부터 일본 내 재개발에 대한 전문 지식을 습득하는 중에 거품 경제 붕괴로 인해 개발·재개발을 담당했던 대형 건설업체가 맞고 있는 어려움과 당시 일본 내 상황을 생생히 들을 수 있었다.[127]

---

125) 연수 당시 쿠와바라 씨는 입사 후 10년된 경력자로서, 코오베(神戶)의 인공 섬에 민간기업과 코오베시(神戶市)가 함께 진행한 공사비 300억 엔 정도의 복합빌딩 프로젝트(현 코오베패션플라자)에 이어서 東京 臨海副都心 개발 프로젝트에 참여하고 있었다.

126) 연수 당시 히토미 씨는 입사 후 36년된 경력자로서, 스미요시·모리 지역(住吉毛利)의 기획 담당 개발 위원장을 맡은 재개발 부문 전문가였다.

127) 이와 관련해서는 김성도 외 4인, '일본 연수 보고서', 동양시멘트/건설, 1996. 12 참조할 것

이들 강사들의 설명에 의하면 80년대 경제 호황 당시 일본의 대형 건설업체들은 토지 가격이 절대 내려가지 않는다는 믿음과 캐피털 게인(Capital gain : 토지나 주식, 채권 등 보유한 자산의 가격이 오르면서 얻게 되는 이익)을 얻을 수 있다는 환상 속에 토지를 구입해 재개발 사업을 중심으로 발전하였다. 이 시기 재개발 사업은 자본이 없어도 건설업체에서 보유한 토지 가격이 언제나 상승할 것이므로, 담보 능력이 높아진 이들 토지를 담보로 삼아 금융 기관에서 비용을 마련하여 재개발 공사비를 충당한다는 전제 아래 추진되었다.

그런데 90년대 들어와 예상과 달리 토지 가격 하락 속에 거품 경제가 꺼지자 캐피털 게인과 토지의 담보 능력도 함께 하락하여 건설업체들은 대출을 통한 자금 조달이 어려워졌고, 나아가 투자자들의 투자 의욕 상실까지 겹쳐 큰 위기를 맞게 되었다. 이에 따라 많은 개발·재개발 프로젝트들이 축소 혹은 중지되었다.

타이세이켄세쯔가 처한 상황도 마찬가지였다. 이 시기 타이세이켄세쯔가 참여하고 있던 린카이후쿠토신(臨海副都心) 개발 프로젝트는 이러한 상황을 잘 보여주는 예로서, 거품 경제가 꺼지면서 다른 많은 프로젝트와 마찬가지로 개발을 완료하지 못한 채 재정 문제를 겪으며 현재에 이르고 있는데, 오늘날의 일본 경제 상황과 경제 위기가 지속될 수밖에 없는 원인을 이해하기 위해 구체적으로 살펴볼 필요가 있다.[128]

---

128) 도쿄만의 고립된 매립지를 관광·쇼핑·주거·사무소·물류 등 복합 기능을 갖춘 현대 도시로 바꾸는 이 개발 프로젝트는 현대 일본의 자본력과 기술력을 과시하는 수단으로 활용되고 있지만, 그 이면에 있는 것으로서 경제 상황과 시장 흐름을 무시한 채 개발 사업을 강행하는 비민주적 관치행정으로 인해 쌓여 가는 막대한 채무와 수도권

린카이후쿠토신 개발 프로젝트는 도(東京都[129])가 도심에서 남쪽으로 약 6km에 위치한 도쿄만 매립지 일대를 1986년 11월에 7번째 부도심으로 결정한 후 1987년 6월 개발에 관한 기본 구상 수립과 1988년 3월 개발기본계획[130] 수립을 거쳐, 1989년 4월에 특별회계인 린카이후쿠토신개발사업회계[131]를 설치하여 추진한 대규모 개발 사업이다.

현재 이 지역은 오다이바(お臺場)역 부근의 해변 공원과 후지텔레비젼 방송국, 아오미(靑梅)역 부근의 여성 전용 쇼핑몰인 비이나스 호오토, 아리아케(有明)역 인근의 국제전시장 등과 이들 내부 지역을 연결하는 전철인 유리카모메 등으로 일본을 찾는 관광객들에게 많이 알려진 곳이기도 하다(사진 1∼5 참조).[132]

거품 경제가 한창이던 당시 이 프로젝트를 진행하였던 도(東京都)는 지가 상승 속에 막대한 개발 이익이 생길 것을 전제로 개발 계획을 마련하면서 처음에는 총 사업비를 4조 엔[133]으로 발표하였다.

주민의 경제적 피해가 진행 중인 것을 직시할 필요가 있다. 일본 국민의 재산을 담보로 삼아 거대화를 추구하는 이러한 건설 정책은 현 일본 경제의 어려움을 초래한 원인 가운데 하나라 할 수 있다.

129) 東京都는 일본의 수도로서, 23개 區, 27개 市, 5개 町그리고 8개 村으로 이루어져 있다.

130) 정식 명칭은 「린카이후쿠토신(臨海副都心)開發基本計劃」

131) 정식 명칭은 '린카이후쿠토신카이하쯔지교오카이케이(臨海副都心開發事業會計)' 인데, 이해를 쉽게 하기 위해 이 글에서는 린카이후쿠토신개발사업회계로 적도록 한다.

132) 이 지역은 행정구역상으로는 東京都 내 미나토쿠(港區 : 다이바 지역)와 코오토오쿠(江東區 : 아오미 지역 일부 및 아리아케 지역) 및 시나가와쿠(品川區 : 아오미 지역 일부)의 세 區에 걸쳐 있다.

133) 이 가운데 기반 정비비 2조 엔은 東京都가 부담하는 것으로 하였다.

사진 1. 아리아케(有明)역 인근에 있는 국제전시장 전경

그러다가 2년이 지난 1991년 9월 도의회를 통해 10조 엔으로 늘려 발표한 바 있다.

이후 거품 경제가 꺼지고 불황에 접어들면서 95년 말부터 96년 4월까지 한 때 도지사의 사적인 자문 기관에서는 보고서를 통해 전면적으로 계획을 수정할 필요성을 제기하기도 했다. 하지만 도는 개발을 계속하는 방향으로 정책을 결정하였다. 이 결정으로 장기간에 걸친 불황 속에 지가 하락과 사업자의 투자 위축이 이어지는 상황을 무시한 채 개발이 강행되면서, 결국 자금 마련을 위한 특단의 조치 없이는 개발이 지속되기 어려운 위기 상황을 맞았다.

2001년 3월 회계에서 볼 수 있듯이 수입은 연간 약 100억 엔인 것에 비해 지출은 연간 약 500억 엔(이 중 차입금 이자가 약 300억 엔)에 달하여 매일 1억 엔씩 적자가 누적되면서 누적된 손실액이 5,000억 엔을 웃도는 상태가 되었으며, 차입금은 8,815억 엔[134]에 달하였다.

이에 따라 도(東京都)에서는 개발을 지속하기 위해 2002년에 이르러 별도 회계인 매립사업회계[135]와 하네다오키(羽田沖)매립회계[136]를 린카이후쿠토신개발사업회계와 하나로 합쳐[137] 1조 8,000억 엔 이상을 투입하는 효과[138]를 통해 단기적인 자금 수지 문제를 해결하였다. 그러나 2009년부터는 해마다 1,000억 엔이 넘는 차입금을 2017년까지 갚아 나가야 하므로 중장기적으로는 자금 수지 문제가 해결되지 않는 상황이어서, 도(東京都)에서는 그 대책 마련에 고심

---

134) 지방채 잔고 5,185억 엔, 매립사업회계에서 빌린 돈 2,920억 엔, 하네다오키(羽田沖)매립회계에서 빌린 돈 710억 엔을 합하여 8,815억 엔인 것을 볼 수 있다.
135) 정식 명칭은 '우메타테지교오카이케이(埋立事業會計)'
136) 정식 명칭은 '하네다오키우메타테지교오카이케이(羽田沖埋立事業會計)'
137) 이들 회계를 통합하여 臨海地域開發事業會計로 한 것을 알 수 있다.
138) 매립사업회계에서 빌린 돈 2,920억 엔과 하네다오키(羽田沖)매립회계에서 빌린 돈 710억 엔을 갚을 필요가 없게 되었고, 매립사업회계가 현물 출자한 都有地 183헥타르(1조 2,000억 엔 상당)와 매립사업회계가 보유한 자산 2,500억 엔(매년 37억 엔의 임대료 수입 포함)을 그냥 취하여, 모두 1조 8,000억 엔 이상을 지원 받는 결과가 되었다. 한편 이처럼 개발을 지속하기 위한 자금 마련의 방안으로 도민의 재산인 이들 두 회계를 부당하게 통합하여 변칙적으로 공적 자금을 투입한데 대하여, 이를 반대하는 시민 단체가 결성되어 책임을 묻고자 하는 것을 볼 수 있다. 이와 관련해서는 http://www.d1.dion.ne.jp/~ymae/ 참조 바람

하면서 토지 처분 원칙인 장기 임대 방식을 매각으로 바꾸기에 이르렀다.[139]

이처럼 린카이후쿠토신 개발 프로젝트의 시행 과정에서는, 개발 사업 성립 조건[140] 가운데 핵심이 되는 사업 조건 즉, 자금 조달 및 사업 수지와 관련한 기획에서 나타난 치명적인 문제점을 도(東京都)가 파악하고도 도외시한 채 정책 결정을 통해 그대로 개발을 강행함으로써 개발 자금 부족과 사업 수지 적자 속에 대규모 공적 자금을 투입하여야 했던 것이다. 이와 함께 앞으로도 누적된 막대한 차입금 상환 문제를 해결해야만 하는 상황에 처해 있다.

그런데 이 프로젝트의 지속적인 정책을 수행하기 위해 투입하고 있는 엄청난 개발비용과 이에 따른 막대한 채무도 문제이지만, 442 헥타르 면적에 취업인구 약 7만 명, 거주인구 약 4만 2천명 규모로

---

139) 臨海開發部開發企劃課, ‘臨海地域開發財政基盤强化プラン’, 港灣局, 平成 14年 3月 4日, 東京都都市計劃局, ‘都市計劃槪要’, 1997, 東京都都市計劃局, ‘事業計劃’, 平成 11年度版, 臨海副都心開發市民フォーラム이 배포하는 ‘臨海副都心開發會計の破綻’, ‘臨海の不良債權處理なくして都財政再建なし’, ‘やっぱり解散させるしかない 臨海三セク破綻處理の提言’, ‘臨海關連3セクの經營破綻’ 참조. 참고로 港灣局에서는 이제 와서 개발을 중지하는 경우 지금까지 투자한 것을 회수할 수 없게 되고, 일반회계, 나아가서는 도민 부담에 기대야 하며, 東京뿐 아니라 일본 경제에 막대한 악영향을 미치게 되므로 수입 확보와 지출 억제 방안을 통해 개발을 마무리지을 수밖에 없다는 기본 입장을 밝히고 있다.
140) 개발 사업이 성공적으로 이루어지기 위해서는 기초적 조건(토지 취득 및 권리자와의 합의 등을 통한 토지 확보), 법적 조건(도시계획법과 건축법 및 각종 조례), 물리적 조건(용도의 적정성 유무 및 획지 규모와 같은 적정 규모 등), 시장 조건(입지 조건 및 시장의 성장도 등), 사업 조건(사업 능력, 자금 조달, 사업 수지 등) 그리고 사회적 조건(인접대지의 영향, 지역경제의 파급과 같은 사회적 배려와 사업의 공공성 등)이 모두 고려되어야 하며, 이 가운데 사업 조건이 가장 중요하다 하겠다.

계획[141]된 이 신도시의 앞날을 어둡게 하는 요인인 입지 등 시장 조건과 관련한 문제점에 대해서도 거론하지 않을 수 없다.

우선 도쿄 안의 각 지역들은 제이알(JR)이라는 일본 철도와 지하철로 긴밀히 연결되는데 반해, 린카이후쿠토신(臨海副都心) 지역에서는 이들 교통 기관이 들어오지 않고, 교통비가 매우 비싼 별도의 전철 노선(유리카모메 및 린카이센)이 운행되도록 교통 체계가 구성[142]되어 있다.[143] 이로 인해 이 지역에서 외부로 나가거나 외부에서 이 지역으로 들어올 때는 전철 교통비를 이중으로 부담해야 하는 것은 물론 린카이후쿠토신 지역 내에서 이동할 경우 단거리에도 매우 비싼 전철 요금을 지불[144]해야만 한다. 이러한 분리된 교통 체계

---

141) '臨海副都心まちづくり計畵'(1997년 3월 책정) 참조. 1992년 都廳 내에 臨海副都心개발계획 등을 검토하기 위해 臨海副都心開發等檢討委員會가 설치되었다. 이 위원회의 최종 보고에 근거하여, 1993년 린카이후쿠토신 지역 계획 인구수가 수정되었는데, 이를 보면 당시 취업인구가 4천명 줄어 든 10만 6천명, 거주인구가 기존보다 3천명 증가한 6만 3천명으로 되어 있다. 이것이 1997년에 와서는 7만 명과 4만 2천명으로 각각 축소된 것을 알 수 있다.

142) 일본 東京의 교통 분담 비율을 보면 지하철을 포함한 전철이 66.7%(JR이 24.9%, JR 이외의 지하철을 포함한 철도가 41.8%), 버스 7.3%, 택시 4.2%, 자가용 19.9%, 기타 1.9%로 구성(2000년 기준, '運輸省旅客地域流動調査' 자료)되고 있는 바, 전철이 주요 교통수단이 되고 있다. 버스와 전철이 주요 교통수단이 되고 있는 우리나라 서울의 교통 분담 체계와 전혀 다른 일본 東京의 교통 분담 체계를 이해하여야 이 린카이후쿠토신 지역의 교통 체계가 갖는 문제점을 인식할 수 있겠다.

143) 이 린카이후쿠토신 지역은 주요 교통수단인 전철 노선(유리카모메와 린카이센)과 차량 통행을 위한 레인보오브릿지라는 다리를 통하는 것 이외에 해상 선박을 이용하여 東京의 다른 지역과 연결되고 있으며, 이 중 전철이 가장 주요한 교통수단이 되고 있다.

144) 유리카모메는 이동 거리에 따라 요금을 책정하여, 1~2km 거리인 경우 180엔, 3~5km인 경우 240엔, 6~8km인 경우 310엔 그리고 9~12km인 경우 370엔으로

와 비싼 전철 요금 때문에 이 신도시 지역은 도쿄 내 다른 지역과 격리된 채 한층 고립화될 수밖에 없는 구조를 지니게 되었고, 그 결과 평일과 기후가 좋지 않은 날 사람이 찾지 않는 매우 한산한 도시가 되고 있다. 따라서 휴일과 휴가철을 제외하면 사람으로 붐벼야 할 대형 쇼핑센터와 오락 시설, 교통 시설 등이 평일에는 한산하기 그지없어 영업 이익 확보가 가능할 수 있을까 하는 의문을 갖지 않을 수 없다.

다음으로 린카이후쿠토신 지역 바로 옆에 접하고 있는 대규모 재개발 지역인 시오도메(汐留) 지역이 개발을 거의 마치고 2002년부터 속속 개장하는 가운데, 2004년 대대적으로 개장 홍보 행사를 하였다.[145] 미나토쿠(港區)에 위치한 시오도메 지역은 린카이후쿠토신 지역으로 연결되는 시오도메(汐留)역과 더불어 환승역인 신바시(新橋)역이 있는 곳으로, 교통 요지에 위치하고 있다. 지난날 시오도메 화물역[146]이 있던 31헥타르의 땅에 취업 인구 6만 1천명, 거주 인구

되어 있다. JR 등 다른 전철 기관과의 환승역인 신바시(新橋)를 기준으로 할 때 이로부터 세 번째 역인 히노데(日の出)까지는 240엔(2.2km), 5번째 역인 오다이바카이힌코오엔(お臺場海浜公園)까지는 310엔(7.0km), 8번째 역인 후네노카가쿠칸(船の科學館)까지는 370엔(8.4km)을 지불하여야 한다. 또 다른 노선인 린카이센(臨海線)은 유리카모메보다 좀 더 비싸게 책정되어 있다. 이러한 교통비는 우리나라 서울에서 12km 이내일 때의 지하철 요금(800원, 일본 돈으로 약 80엔 정도)과 비교해 보면 매우 비싼 것을 알 수 있다. 따라서 이 지역을 다닐 경우 일일승차권(유리카모메 800엔, 린카이센 900엔)을 구입하는 것이 오히려 합리적으로 생각될 때가 있다(요금 기준 : 2005년).

145) 1982년 3월 발행된 '汐留地域開發計劃報告書'를 통해, 이 때 개발 계획에 착수한 것을 알 수 있다. 최종 개발 완료는 2007년이지만 이미 대부분 개발이 완료되었고, 이들 개발이 끝난 곳에서는 2002년 7월 이래 순차적으로 개장하여 왔다. 2004년 여름에는 주요 홍보 수단을 통해 대대적으로 개장 행사를 알리는 것을 볼 수 있었다.

사진 2. 아오미(靑梅)역 부근의 여성 전용 쇼핑몰인 비이나스호오토의 한적한 평일 모습. 소비자들이 일단 들어오면 시간이 흐르는 것을 느끼지 못한 채 쇼핑에 오랜 시간을 보내도록, 대규모 아케이드 상부 천장을 회화로 장식하는 등 바깥 세계와 완전히 차단되도록 실내를 꾸몄다.

6천명이 거주하도록 계획된 이 지역에는 현재 지하 4층 지상 43층의 시오도메시티센터를 위시하여 고층 사무소[147]와 호텔, 대형 쇼핑

---

146) 1872년 신바시(新橋) 정차장이었던 이 역은 1914년 東京 역이 건립되면서 화물전용 역으로 바뀌었고 그 이름도 시오도메(汐留)로 개칭되었으나, 이후 1923년 칸토오(關東) 대지진으로 소실되었다. 원래 국유 철도용지였던 이 곳은 1987년 철도가 민영화될 당시 10년 내 토지를 매각해야 한다는 단서에 따라 1997~98에 걸쳐 매각되었고, 새롭게 개발되었다.

147) 지상 48층의 電通本社 건물(2002년 11월 준공), 지상 32층의 니혼테레비타워 건물(2003년 4월 준공), 지상 34층 시오도메메디아타와(2003년 6월 준공) 등 30층 이상 고층 사무소 12동이 이곳에 들어섰다.

몰, 극장, 공동 주택 등이 새롭게 들어섰다.

사진 3. 시오도메 지역 광장(신바시전철역 인근)

더욱이 같은 미나토쿠(港區) 안에는 17년에 걸쳐 재개발을 마친 롯폰기히루즈가 2003년 4월 25일 개장하였다. 11.6헥타르에 이르는 이 재개발 지역에는 지하 6층 지상 54층의 사무소 건물인 모리타워와 함께 주거시설, 호텔, 방송센터, 대형 쇼핑몰 등이 들어섰다.[148]

---

148) 東京·汐留地區開發の全貌, 月報 Kajima ダイジェスト, 2002. 10과 都市をひらく：汐留地區開發(② 業務商業空間の創出), 鹿島, 2003 및 草薙厚子, NWJ經濟 六本木ヒルズもOPEN「2003年問題」は本當に大丈夫, 2003. 4. 23

이들 시오도메와 롯폰기히루즈는 시오도메에 바로 접한 린카이후쿠토신[149]과 마찬가지로 모두 막대한 자본 투입과 오랜 개발 기간이 필요한 복합용도개발(MXD)[150]로 개발되었기 때문에 투자한 자본 회수는 물론 이익 확보를 위해 한정된 소비자를 대상으로 유사 업종간 상권을 놓고 한 지역에서 치열한 경쟁을 해야 하는 형편이다.

게다가 이에 더하여 2003년부터 미나토쿠(港區) 외의 도쿄 내 다른 많은 지역에서 고층 사무소와 주거시설 등의 개발이 속속 완료되면서, 매스컴 등에서 심각하게 우려를 제기할 정도로 필요로 하는 건축 면적보다 공급되는 건축 면적이 넘치는 상황을 맞고 있다.[151]

---

149) 시오도메와 롯폰기히루즈는 미나토쿠(港區)에 속하며, 린카이후쿠토신의 경우 미나토쿠(港區) 외에도 코오토오쿠(江東區)와 시나가와쿠(品川區)에 걸쳐 있지만 시오도메에서 직접 연결되는 교통 기관(유리카모메)과의 연결성으로 미나토쿠와 매우 긴밀한 것을 알 수 있다.

150) 단일 개발이지만 그 안에 오피스, 주거시설, 호텔, 오락시설, 판매시설, 극장 등 세 가지 이상의 서로 다른 용도를 함께 구성하여, 상호 상승효과를 통해 활기 있는 도시 공간을 만들도록 계획에 따라 기능적·물리적으로 일관되게 이루어진 개발을 말한다. 이 복합용도개발은 60년대 초반에 등장하였는데, 1950년대 후반과 60년대에 미국 대부분의 도시에서 근무시간이 끝난 이후 그 활력성을 잃게 되자, 이를 해결하고자 사무실, 호텔, 아파트, 쇼핑센터 등 상호 밀접한 관련이 있는 여러 용도들을 합리적 기능적으로 계획하고, 더 나아가 문화적 기능과 오락 및 공공시설까지 함께 구성하여 고도로 집약된 단일 프로젝트로 개발하였던 것에서 기인한다. 그리고 일본에서도 이를 도입하여 職·住·遊라는 개념으로 복합용도개발을 80년대 이래로 개발 사업에 시행하고 있다.

151) 草薙厚子, 앞의 기사 참조. 2003년부터 도쿄 23區에서 특히 대형 사무소 건물이 대량 공급되는 상태를 맞았는데, 이에 대해 매스컴 등에서는 사무실 공실률 악화 → 부동산 물건 회전 둔화 및 지가에 악영향 → 은행 등 금융 기관의 불량채권화 증가 등으로 이어질 가능성에 깊은 우려를 표시하면서 니센산넨몬다이(2003年問題)란 용어를 사용하였고, 이 2003年問題는 일본에서 시사용어가 된 것을 알 수 있다.

사진 4. 롯폰기히루즈 지역과 주변 전경(東京都 청사 남측 전망대에서 바라본 모습)

이처럼 건설 부문에서 신규 물량이 초과 공급되는 가운데, 교통 접근성이나 입지와 관련한 시장조건 측면에서 다른 재개발 지역과의 경쟁에 매우 불리할 수밖에 없는 기본 한계를 안고 있는 린카이후쿠토신 지역이 맞닥뜨릴 상황에 대해 예상하기는 그리 어렵지 않다.

이러한 우려는 그대로 생생히 드러나고 있다.

도(東京都)에서 민간과 공동 출자하여 설립한 법인인 다이산세크타아[152] 가운데, 린카이후쿠토신 지역에서 사무소 건물의 임대 사업

---

152) 일본에서 다이산세크타아(第3섹터의 일본 발음)라 하는 이 민관공동출자 법인은 ① 의회의 심의가 필요하지 않으므로 탄력적으로 신속하게 사업 운영을 할 수 있고, ② 대규모 민간 자본을 신속히 도입할 수 있으며, ③ 민간 운영의 노하우를 도입하여 효율적인 경영이 가능하다는 장점이 있다는 이유로 지방자치단체에서 도입하였다. 하지만 실제로는 ① 의회 심의가 필요 없으므로, 지방자치단체가 회사 경영에 관하여 상세한 정보를 얻기 어려워 경영에 대해 충분히 점검하기 어렵고, ② 민간 자본 도입

등을 시행하기 위해 설립한 린카이 관련 다이산세크타아[153]가 공실률 증가[154]와 적자 누적으로 심각한 경영난에 처한 것을 볼 수 있

으로 재정 상황에 관계없이 거액의 자본을 조달할 수 있으므로 불필요한 대규모 투자가 이루어질 수 있으며, ③ 민간 노하우에 의한 경영 효율화란 것도 사실상 공기관이 운영 권한을 잡고 있으므로 민간 부문의 경영 방식을 받아들이는 것만으로 경영이 효율화되지는 않는 상황이어서, 많은 곳에서 대규모 부채 속에 심각한 경영난을 겪고 있다('佐藤信之 第三セクター─鐵軌道の現狀と問題點', 鐵道ジャーナル, 1999. 3). 이러한 상황으로 인해 민간이 사업 주도를 하고, 사업자 선정도 투명성을 확보하도록 공모를 원칙으로 하는 PFI(Private Finance Initiative)를 도입하여 1999년 법률을 제정하면서, 이와 관련한 가이드라인을 2001년 공표하였다.
테이코쿠 Data Bank에서 도쿄都가 출자한 다이산세크타아에 대해 2000년에 조사한 자료(第5回 ：第3セクター─經營實態調査 東京都の3セクは借入過多 巨額の債務が 都財政ひっ迫の一因に)를 보면 당시 약 40사 정도가 있음을 알 수 있고, 이 가운데 사업 내역이 명확한 것은 35사로서 이들 도쿄都의 35사 다이산세크타아를 분석하여 차입금 과다와 심각한 경영 부진에 대해 분석하여 밝힌 것을 볼 수 있다.
153) 여기에는 (株)東京테레포오토센타아(テレポートセンター), 東京臨海副都心建設(株), 竹芝地域開發(株), (株)東京홧숀타운(ファッションタウン) 등이 있다. 참고로 사회간접시설과 관련해서는 東京臨海熱供給, 東京臨海高速鐵道, 유리카모메(ゆりかもめ)가 있다.
154) 공실률에 대해 자세히 분석한 자료(IDSS Press Release 2005年6月期オフィス公室率·賃料速報, 株式會社生駒データサービスシステム, 2005. 7. 12)를 보면, 이 곳 린카이(臨海) 지역 외에 東陽町 지역과 人形町·蠣町 지역에서 빈 사무실이 늘어난 것을 알 수 있다.
참고로 2005년 9월 4일자 〈요미우리신문〉에는 社團法人東京빌딩협회가 정리한 빌딩 경영 동향 조사 내용을 인용하여 도쿄 23區 안에 있는 임대사무소의 공실률이 4.7%로 감소하여, 니센산넨몬다이(2003年問題)가 개선되었다는 기사가 나왔다. 그런데 이 기사 마지막에 사무소 건물을 보유한 회원사 362곳을 대상으로 조사를 실시하여, 그 가운데 127곳의 회사에서 받은 회답으로 분석하였다는 내용을 덧붙이고 있다. 즉, 회원사 가운데 35%에서만 보내 온 자료만으로 분석하여 발표한 빌딩 협회의 자료를 인용하면서 마치 전체 임대사무실의 공실률이 줄어든 듯한 내용으로 기사가 작성된 것을 알 수 있다.

다.[155] (주)도쿄테레포오토센타아[156]와 도쿄린카이후쿠토신켄세쯔(주)[157] 그리고 타케시바찌이키카이하쯔(주)[158] 등 이들 세 다이산세크타아의 경우 적자 누적액 합계가 1999년 742억 엔에서 2001년 827억 엔[159] 그리고 2004년 3월에는 897억 엔으로 해를 거듭할수록 늘어나고 있다.

따라서 도(東京都)에서는 이들에 대해 1998년부터 10년간 270억 엔에 이르는 공적 자금을 투입하는 한편 무이자 융자·임대료 감면·권리금 반환과 함께 청사 내에서 무료로 쓰던 직원 연수소와 청소년 센터 등을 임대료가 비싼 이곳으로 이전토록 하는 등 별도의 온갖 재정 지원책을 쓰고 있다. 그러나 이곳을 떠나 다른 지역으로 옮겨가는 임차인이 늘어나면서 공실률은 증가하고 있고,[160] 이로 인해 경영 상황은 더욱 악화되고 있다.

도(東京都)가 24.6%를 출자한 도쿄홧숀타운[161]과 16.1%를 출자

---

155) 이에 대해 시민 단체는 파산 처리를 주장하고 있다.

156) 자본금은 176억 1,500억 엔이지만, 적자 누적액이 1999년에는 199억 200만 엔, 2001년에는 208억 7,200만 엔으로 확대되었고, 이후에도 계속 늘어나는 것을 볼 수 있다.

157) 자본금은 220억 엔이지만, 적자 누적액이 1999년에는 331억 6,500만 엔, 2001년에는 379억 엔으로 확대되었고, 이후에도 계속 늘어나는 것을 볼 수 있다.

158) 자본금은 150억 엔이지만, 적자 누적액이 1999년에는 212억 200만 엔, 2001년에는 239억 엔으로 확대되었고, 이후에도 계속 늘어나는 것을 볼 수 있다.

159) 회사 자산을 넘는 부채 총액은 1999년 196억 엔에서 2001년 281억 엔으로 늘어났다.

160) 한 자료에 의하면 이들 3사 건물의 평균 공실률이 2004년 9월 9.2%에서 2005년 4월 17.5%로 급증하는 것을 볼 수 있다. 특히 (주)도쿄테레포오토센타아의 경우 세들어 있던 NTT도코모가 시나가와에 있는 자사 건물로 이전함에 따라 2005년 4월에 대폭 공실률이 늘어, 입주율이 68%에 머무르는 상황을 맞았다.

한 타이무24[162]의 경우에는 최악의 상황이 벌어졌다. 임대 사업 부진으로 채무액이 자본금을 넘고 적자가 계속 누적되어 온 이들 두 회사는 2000년 4월부터 도쿄국제무역센터[163]에 사업을 위탁하면서 모든 종업원을 정리하고 건물을 일괄 임대하는 조치를 취하였다. 그럼에도 적자는 계속 쌓여 2004년 3월에 각각 277억 8,000만 엔과 156억 5,700만 엔에 달하였고, 채무 잔고도 각각 약 900억 엔[164]과 약 500억 엔[165]에 이르게 되어 결국 2005년 3월 파산 절차[166]에 들어갔다.[167]

---

161) 코오토오쿠 아리아케 3-1번지에 소재. 1993년 8월 설립. 자본금 172억 4,500만 엔. 린카이후쿠토신 지역에서 패션비지니스의 거점을 형성하여 패션 관련 산업 활성화와 기업력 강화를 도모하고자 1996년 TFT빌딩을 개업하였다.

162) 코오토오쿠 아오미 2-45번지 소재. 1990년 3월 설립. 자본금 24억 8,400만 엔. 東京테레포오토타운에서 인텔리전트빌딩인 TIME24를 임대하여 대기업 정보 개발 회사와 東京都의 임대료 보조를 받는 벤처기업 등에 대여하여 왔다.

163) 정식 명칭은 도쿄코쿠사이보오에키센타아(東京國際貿易センター)이며, 2001년 4월에 (社)東京國際見本市協會와 통합하여 (株)東京빗구사이토(Tokyo Big Sight)가 되었다(報道發表資料, 東京都の機能するバランスシート 東京都連結貸借對照表作成に係る會計方針及び注記, 2004. 12 참조).

164) 이 중 금융채무는 약 850억 엔

165) 이 중 금융채무는 약 450억 엔

166) 2005년 3월 31일 東京지방재판소에 民事再生法 적용을 신청하여 법적 정리에 들어갔다.

167) ‘〈讀賣新聞〉：都の不採算3セク3社 民事再生法適用を申請へ, 2005. 3. 28’, ‘大型倒産情報, 株式會社東京商工エリサーチ經濟研究室, 2005. 4. 18’, ‘臨海關聯第三セクター都民オンブズマン, やっぱり解散させるしかない 臨海三セク破綻處理の提言, 2001. 10. 23’ 및 ‘自治勞連都職勞, 都區關連法人リストラ問題交流集會基調報告〈4〉開發型第3セクターをめぐる問題について, 1999. 11. 26’ 참조. 이와 관련

사진 5. 오다이바에 있는 자유의 여신상과 레인보오브릿지 전경. 프랑스에서 들여온 이 상은 아시아의 미국을 꿈꾸면서 린카이 후쿠토신 지역 개발에 매달린 것이 아닌가하는 생각이 들게 한다.

린카이이후쿠토신 개발 프로젝트는 시오도메 개발 프로젝트 규모의

하여 〈요미우리신문〉을 포함해 대부분의 자료에서·도쿄홧숀타운과 타이무24를 린카이 관련 다이산세크타아로 다루고 있는 것과 달리, 현 이시하라(石原) 도지사는 기자 회견에서 이들 두 회사에 대해 민간이 주도하는 회사로서 린카이 관련 다이산세크타아와는 성격이 다르다고 밝히고 있다(石原知事定例記者會見錄, 2005年 4月 1日). 그런데 이 두 회사는 파산 후 린카이 관련 다이산세크타아의 하나인 東京빗구사이토의 자금을 지원 받아 자회사가 된 후 합병될 예정이어서, 도지사의 주장을 따른다면 민간 회사에 도민의 재산인 공적 자금이 투입되는 상홍이 된다. 따라서 민간단체(臨海關聯第三セクター都民オンブズマン)에서는 이들 민간 회사의 파산 후 처리에 공적 자금을 투입하는데 대한 부당성을 밝히고, 청산 절차를 밟을 것을 요구하는 도민 의견서(臨海關聯第三セクター2社の民事再生法適用申請についての見解)를 2005년 4월 4일 제출하였다.

14배, 롯폰기히루즈 재개발 프로젝트 규모의 38배에 이른다. 이러한 대규모 프로젝트를 추진하면서 90년대 거품 경제 붕괴로 인한 경제 여건 악화와 뒤이은 장기 불황을 무시한 채 호황을 누리던 80년대 경제 상황 속에 수립한 개발 계획에 근거하여 정책적으로 접근한 결과 도(東京都)는 천문학적인 개발 자금 마련을 위해 막대한 차입금을 떠안았고, 대규모 공적 자금까지 투입해야 했다. 게다가 불리한 교통 접근성과 고립된 입지 등 다른 개발 지역과 비교하여 경쟁력이 현저히 떨어지는 개발 계획안 자체의 문제점으로 인해 이 지역의 임대 사업을 위해 도가 설립한 회사(다이산세크타아)에서는 도에서 온갖 재정 지원을 받고서도 경영이 악화되고 있고, 일부는 파산하기까지 했다.

이러한 상황을 맞아 도쿄 도민 단체에서는 피해가 더 이상 확대되는 것을 막기 위해 린카이후쿠토신개발사업회계[168]와 다이산세크타아의 파산 처리를 피할 수 없는 문제로 인식하고, 이들 각각에 대해 적극적으로 파산 처리할 것을 주장[169]하기에 이르렀다.

하지만 도(東京都)에서는 개발이 중단될 경우 도쿄뿐 아니라 일본 경제 전체를 뒤흔들 수 있는 심각한 사안이 된다는 입장을 밝히며,[170] 개발을 지속하면서 린카이 관련 다이산세크타아에 대해서는

---

168) 이는 앞서 살펴보았듯이, 2002년에 다른 두 회계의 통합을 통한 재정 지원을 받으면서 臨海地域開發事業會計로 명칭이 바뀌었다.

169) 臨海副都心開發市民フォーラム이 배포하는 '臨海副都心開發會計の破綻'·'臨海の不良債權處理なくして都財政再建なし'·'やっぱり解散させるしかない 臨海三セク破綻處理の提言'·'臨海關連3セクの經營破綻' 등 참조

170) "…그러나 지금 여기서 개발을 중지한다면 지금까지 선행 투자를 회수하는 것이 불가능하게 되며, 일반회계, 나아가서는 도민 부담에 의한 처리가 필요하게 된다.

적자 대책 마련에 부심하고 있다.[171]

린카이후쿠토신 개발 프로젝트는 오랜 경기 침체 속에 재정 적자 급증으로 위기를 맞고 있는 일본의 현 경제 상황과 향후 이러한 경제

또 린카이 지역 전체의 활력이 상실되어 도쿄뿐 아니라 일본 경제에 매우 큰 악영향을 끼친다(しかしながら, 今, ここで開發を中止刷れば, これまでの先行投資の回收が不可能となり, 一般會計ひいては都民負擔による處理が必要となる. また, 臨海地域全體の活力が喪失し, 東京のみならず日本經濟に多大な惡影響を及ぼす).”－臨海地域開發財政基盤强化プラン 내용 중에서 인용

171) 막대한 차입금을 빌려 개발한 지역이 다른 개발 지역보다 취약한 경쟁력으로 인해 개발 이익을 창출하지 못한 채 적자를 낳음에 따라 도(東京都)는 개발을 지속하면 그만큼 차입금을 포함한 투자비가 더 늘어나고, 개발을 중지하면 지금까지 투입한 막대한 자금을 회수할 수 없게 되어 차입금 상환 처리 믄제와 책임 소재가 거론될 수밖에 없어 진퇴양난에 처한 것을 알 수 있다.

172) 물론 도쿄 이외의 지역에서도 이와 마찬가지 상황을 볼 수 있다. 오오사카(大阪)의 경우 민간과 공동 출자하여 설립한 법인인 다이산세크타아 가운데 5개 회사의 차금(借金)만도 2003년에 3,700억 엔에 이르고 있다. 각 회사별 차금 규모를 보면 오오사카 남쪽 항구에 위치한 55층 규모의 WTC(World Trade Center)가 1,000억 엔을 넘었고, ATC(Asia Pacific Trade Center)는 1,270억 엔을, 미나토마찌카이하쯔(湊町開發)센터는 560억 엔을, 오오사카도오무는 520억 엔을 그리고 지하 쇼핑몰인 크리스타나가호리는 340억 엔을 각각 넘고 있다. 이에 대한 상세한 내용은 2003년 6월 16일 〈아사히(朝日)방송〉의 大赤字!どうする大阪市の3セク(http://webnews.asahi.co.jp/you/special/2003/t20030616.html)와 〈NIKKEI NET〉：大阪市の3セク破たんで報告書「舊經營陣に責任」(2004. 10. 21) 및 TDB Watching 第9回：第3セクタ經營實態調査 地域開發型3セク, 84%が經營不振企業 등 참조할 것.

이런 가운데 2005년 4월에 이르러는 오오사카에 있는 린쿠우게에토타와아비루(大阪府 泉佐野市 소재)라는 다이산세크타아가 약 463억 엔에 이르는 부채로 파산에 이른 것을 볼 수 있다(〈共同通信〉, 破たん三セクに31億円 大阪府, 今後10年間で, 2005 .9. 10).

큐우슈우(九州)에서는 미야자키켄(宮崎縣)에 있는 시이가이아가 2000년 3월 기준 누적적자액 1,218억 엔으로 적자 심화가 계속되면서 미야자키지방재판소에 2001년 2월

위기가 지속될 수밖에 없는 이유를 이해하는데 한 단서를 제공한다
고 하겠다.[172]

___

19일 경영파산에 따른 會社更生法을 신청하였는데, 그 운영을 맡았던 다이산세크 3
곳에서의 부채 총액은 3,261억 엔에 달하였다(〈西日本新聞社〉, 破たん巨大3せク,
2001. 2. 19). 또 나가사키켄(長崎縣) 사세보시(佐世保市)에 있는 하우스텐보스가
2003년 2월 26일 부채 총액 약 2,289억 엔에 이르면서 나가사키지방재판소 사세보
지부에 경영파산에 따른 會社更生法을 신청하였다(〈長崎新聞〉, ハウステンボス更
生法申請, 2003. 2. 27). 이는 현재 일본이 처한 경제적 심각성과 사회 위기가 한 지
역에 한정되지 않은 것임을 말해주고 있다.

08

일반 근로자의 수입 감소와 저축률 급감에 따른 일본 경제의 고민

오랜 경기 침체 속에서 일본 근로자 세대의 실수입[173]과 가처분소 득[174] 및 가계소비지출이 1998년 이래로 2003년까지 6년 연속 감소 하면서 근로자 세대는 식료품 지출비용(전년에 비해 −2.4%)마저 줄 일 수밖에 없는 어려운 시기를 맞고 있다.[175]

이처럼 어려운 경제 상황을 맞아 미래를 대비해 들어 두었던 저축

---

173) 세금을 포함한 소득

174) 소득 중에서 세금과 사회보험료 등을 제외한 것으로서, 개인이 자유롭게 처분할 수 있는 소득

175) 柳田尙也, ‘レジャー白書2004に見るわが國の余暇の現狀と課題’, 〈中央調 査報〉 No.562, 2004. 8

소오무쇼오(總務省)의 〈家計調査年報〉 자료를 분석한 이 글에서, 2003년도의 경우 일본 전국 근로자 세대의 실수입은 일 년 전과 비교하여 2.6% 감소한 524,542엔, 가 처분소득은 일년전과 비교하여 2.7.% 감소한 440,461엔이며, 가계소비지출은 325,823엔인 것을 볼 수 있다.

을 해지하여 사용하는 가계(家計)가 나타나면서 일본의 가계 저축률[176]은 최근에 크게 떨어지기에 이르렀다.[177] 1990년대 초 14%대였던 가계 저축률은 2002년에 절반 아래인 6.2%로 줄었으며,[178] 현재 진행 중인 고령화로 인해 향후 가계 저축률은 더욱 저하될 것으로 보인다.[179]

이와 관련하여 2004년에 일본 전국에 있는 1만 세대 이상의 가계를 대상으로 행한 금융 자산 조사에서, 들어 둔 저축이 없는 세대가 전체의 22.9%(독신 세대인 경우에는 35.1%)에 이르고 있는 결과를 통해서도[180] 일본 경제의 심각성과 함께 오랜 경기 침체가 저축률 하락에 깊이 관여하고 있는 것을 엿볼 수 있다.

그런데 이처럼 어려운 경제 여건에 따라 국내총생산(GDP)의 약 6

176) 가계가 가처분 소득 가운데 저축을 한 비율(저축을 가처분소득으로 나눈 값)
177) 〈日本經濟新聞〉, 經濟財政白書から, 2003. 10. 30 기사 참조
178) 第142號 低下する日本の貯蓄率, 國經館, 2004. 6. 29
179) 2003년 일본 경제재정백서에서 저축률 급감 배경으로 고령화하는 사회 구조 문제를 거론하고 있으며, 코가마이코의 논문(古賀麻衣子, 貯蓄率の長期的低下傾向をめぐる實證分析: ライフサイクル·恒常所得假說にもとづくアプローチ, 日本銀行ワーキングペーパーシリーズ, 2004. 8)에서 고령화를 배경으로 90년대 이후 저축률이 하락하게 된 것을 실증 분석한 것도 볼 수 있다. 또 내각회의에 제출된 2005년도 연차경제재정보고(經濟財政白書)에서 고령화 진전에 수반하여 장래 저축률이 저하할 가능성이 거론된 것을 〈로이터(RAUTERS)〉 기사(貯蓄率低下の可能性踏まえ, 財政赤字削減など重要=竹中擔當相, 2005. 7. 15)에서 볼 수 있다.
180) 金融廣報中央委員會 マネー情報 知るぽると 「家計の金融資産に關する世論調査」, 平成 16年 9月 17日. 이 보고서는 2004년 6월 25일부터 7월 5일까지 전국 10,080세대를 대상(만 20세~79세 남녀 개인)으로 조사하여, 이 중 회수 가능한 44.8%를 분석하고 있다. 참고로 70년대 전반과 80년대 후반 거품 경제기에 저축을 하지 않은 세대가 4% 정도였던 것과 비교할 때, 2004년에 22.9%로 크게 증가한 수치를 통해 오랜 경기 침체가 저축률 하락에 크게 영향을 끼친 것을 잘 살펴볼 수 있겠다.

할을 점하고 있는 일본 내 개인 소비가 위축되어야 함에도, 저축을 해지하여 소비[181]하는 이들 가계로 인해 실제로는 완만하게 증가하고 있다. 이에 대하여 2003년 발행된 일본 경제재정백서에서 주목하고 있는 것을 볼 수 있다.[182]

---

181) 이를 일본에서는 세노비쇼오히(背伸び消費)라 하는데, 자신이 부담할 수 있는 능력을 벗어나 소비하는 것을 뜻한다.
182) 〈日本經濟新聞〉經濟財政白書から, 2003. 10. 30

경제 규모를 넘어선 정보 예산과 정보 수집 정책

일본은 정보를 중시하는 사회다. 따라서 막대한 예산을 정보에 투입하고 있다. 일본의 정보 투자액은 계속 증가 중이며, 그 금액이 2004년을 기준으로 미국에 이어 세계 제2위, 버블 경제기의 1.5배에 이르고 있다.

그런데 미국에 이어 세계에서 두 번째로 많은 액수를 정보에 투자하면서도, 이 중 90%가 투자 효과가 없는데 사용되고 있음을 볼 수 있다.[183] 이는 앞서 살펴보았듯이 장기 불황 속에 일본 사회 각 부문

---

183) 藤本京子, 日本の情報投資額, 實はバブル期の1.5倍, そのうち9割が無駄, CNET Japan, 2004. 1. 27. 이 글에서 웍스 어플리케이션즈(Works Applications)의 대표 마키노마사유키(牧野正幸)는 일본의 경쟁력이 거품 경제기에 세계 순위로 5년 연속 1위를 한 이래 서서히 순위가 떨어져 2002년에는 30위까지 하락하였음을 밝히면서, 이는 투자 효과가 나오지 않는 정보 투자를 계속한 결과로서 즉, 투자에서 ROI(투자대 효과)가 나오는 경우가 10퍼센트 정도밖에 되지 않음을 지적하는 동시에 투자 효과가 나오지 않는 정보 투자의 총액이 7조 5천억 엔에 이른다고 하는 시험 계산도 제시하고 있다.

에서 강도 높은 구조 조정이 진행되고 있는 현실과 무관하게 막대한 비용이 정보 부문에 투입되고 있는 것이어서 주목된다. 또 여기서 정보를 최우선으로 중시하는 일본 정부의 정책을 읽을 수 있다.

이에 따라 정보 수집을 위해 기울이는 노력을 일본 사회 전반에서 느낄 수 있는데, 몇 가지 예를 통해 살펴보도록 한다.

필자는 2002년 10월부터 한국과학재단의 지원을 받아 일본 도쿄에서 2년간 일본의 근대기를 중심으로 연구를 수행하였다. 이 과제를 수행하는 동안 대학 도서관에서 연구에 필요한 자료를 대출 받았는데, 1년이 넘은 시점에서 신청한 것과 다른 도서 자료가 대출된 일이 있었다. 도서관을 찾아가 신청 자료가 잘못 대출되었음을 밝히자 도서관 대출 담당자가 파일 한 권을 갖고 왔다. 여기에는 그동안 필자가 신청해 왔던 대출 신청서가 모두 정리되어 있었다. 대출 신청자의 소속, 글씨체, 도장 등 개인 정보뿐 아니라 연구 방향까지 파악할 수 있고, 향후 유사한 연구를 하고자 할 때 필요한 자료를 모두 파악할 수 있는 이 대출 기록 자료를 모두 정리하여 보관하고 있었던 것이다. 대학 도서관의 이런 모습에서 일본 사회 속 깊이 배인 철저한 정보 수집 노력을 엿볼 수 있었다.

국가 차원에서 기울이는 정보 수집 노력에서는 보다 극단적인 경우도 드러난다.

2003년 10월 17일 우리나라의 출입국관리국에 해당하는 호오무쇼오 뉴우코쿠칸리쿄쿠(法務省入國管理局)와 그 산하에 있는 도쿄 뉴우코쿠칸리쿄쿠(東京入國管理局), 수도인 도쿄도(東京都) 그리고 도쿄를 관할하는 경찰 기관인 케이시쵸오(警視廳), 이들 기관 4곳에서 불법 체제 외국인 대책 강화에 관한 공동선언을 하였다.[184]

그리고 후속 대책으로서 약 25만 명으로 추정되는 불법 체제 외국인을 5년간 절반으로 줄인다는 목표 아래 2004년 4월부터 전문 부대를 발족[185]하였다. 그런데 이에 앞서 2월에 도쿄 뉴우코쿠칸리쿄쿠(東京入國管理局)에서는 그 홈페이지에 이메일을 통한 정보 수집 신고 사이트를 개설하여 '불안'과 '주변에 폐가 됨'이라는 이유만으로도 신고하도록 하였다. 신고 동기로서 위반 행위와 아무 관련이 없는 이들 두 항목은 이후 시민 단체의 반발로 삭제되었지만, 출입국관리를 담당하는 국가 기관에서 이처럼 외국인을 대상으로 제한 없이 정보 수집을 하고자 한 것을 알 수 있다.

최근 외국인이 일본에 입국할 때 지문을 채취하여 출국 후에도 계속 보관하는 법안을 마련한 것[186] 역시 이러한 제한 없는 정보 수집을

---

184) 報道發表資料 首都東京における不法滯在外國人對策の强化に關する共同宣言について, 知事本部, 平成 15年 10月 17日 참조할 것

185) 〈國民新聞〉 기사(法務省 不法滯在外人の摘發體制强化, 平成 16年 4月 25日) 참조할 것. 이 기사를 통해 전국에 1,000명 정도 있는 출입국 경비관 가운데 약 200명을 선발하여 신주쿠(新宿), 시부야(澁谷), 이케부쿠로(池袋), 아카사카(赤坂)의 4방면으로 조직을 편성하여, 정보수집과 적발 및 모국으로 강제 송환 임무를 맡게 한 것을 알 수 있다. 이 불법 체제 외국인 대책 강화 정책에 따라 신주쿠(新宿)의 가부키쵸오(歌舞伎町)에도 불법 체제 외국인에 철퇴가 이루어지게 되었으며, 이는 우리나라 신문에는 '밤의 거리' 가부키초 '클린거리'로(〈경향신문〉 2005. 6. 13)」라는 제목으로 일본의 현실과는 다소 다른 내용이 작성된 것을 볼 수 있다.

186) 〈每日新聞〉 기사 ('指紋採取'出國時に米には消去要請, 日本國內では保存, 2006年 3月 28日, '指紋採取': 出國後, 米國には消去要請 國內では長期保存, 2006年 3月 29日, '入管法'外國人の指紋情報, 米には消去要請, 國內では保存, 2006年 3月 29日) 참조. 2004년 1월 미국은 입국심사 때 외국인을 대상으로 지문 등을 채취하는 조치를 도입하였다. 이에 대하여 일본 정부는 출국 때 정보를 지울 것을 미국 측에 요구하였음에도, 정작 일본에 입국하는 외국인에 대해서는 채취한 지문

토대로 하는 정부 정책의 연장선상에서 이루어진 것이라 하겠다.

이러한 일본의 철저한 정보 중시 정책 속에 그 정보 수집 및 활용
능력의 일단을 엿볼 수 있는 일이 최근 발생했다.

2006년 4월 중하순에 걸쳐 일본 정부는 독도 인근에 해양탐사선
을 파견하면서 한국 정부의 허가 요청 없이 국제수로기구(IHO)에만
통보한 일이 있었다. 다른 나라의 EEZ 내에서 해양과학조사를 하기
위해서는 해당국의 허가를 받아야 하는데, 독도를 분쟁지역으로 만
들려는 일본 정부는 이를 지키지 않았고, 이에 대해 한국 정부는 강
경 대응 방침을 밝혔다.[187]

당연히 한일 두 나라의 많은 네티즌들은 인터넷 사이버 공간에
참여하여 독도의 영토 주권에 대한 적극적인 관심을 보였고, 역사
적 배경으로서 자국 영토인 이유를 알고자 하였다. 이 때 일본의 야
후(http://www.yahoo.co.jp) 검색 포털사이트에서는 놀라운 일
이 벌어졌다.

이 포털에서 독도를 주요 현안으로 다룬 사이트(http://dai-
lynews.yahoo.co.jp/fc/world/takeshima/)[188]에서는 독도 관련 속
보와 일본인 자신들의 행동에 대한 정당성을 주장하는 사설 등을 게
재하면서 일본 국민들에게 일본 정부 정책의 타당성을 홍보하고 있
었다. 그리고 화면 가운데에 일본 가이무쇼오(外務省 : 우리나라의

정보를 출국 후에도 보존하게끔 '出入國管理·難民認定法' 개정안을 만들었는데, 국
가 차원에서 진행하는 정보 수집 정책의 면모를 엿볼 스 있다.

187) 〈경향신문〉, '독도 분쟁지역화' 노골화 EEZ 협상 선점 속셈도, 2006. 4. 14 등
관련 기사 참조할 것

188) 일본에서는 독도를 타케시마(竹島 たけしま)라 칭하므로, 일본 야후 사이트에서
타케시마를 입력하면, 당시 주요 현안 사항으로서 이 사이트가 나타났다.

외교통상부에 해당)와 한국 해양수산부의 독도 소개 사이트를 상하로 나란히 연결시켜 독도에 대한 두 나라 정부 기관의 설명을 보게끔 홈페이지가 구성되었다.

그런데 우리나라의 많은 정부 기관 사이트 중에서도 유독 독도가 언제부터 우리 영토로 편입되었는지 역사적 사실에 대한 설명 없이, 독도의 일반 현황과 행정 현황만을 한·영·일·중 4개 언어로 설명하고 있는 해양수산부 사이트(http://www.momaf.go.kr/)를 파악하여, 이 사이트의 독도에 대한 일어 설명 사이트(http://www.momaf.go.kr/japan/issue01.asp)로 직접 연결되도록 하였다. 그리고 일본의 가이무쇼오 사이트(http://www.mofa.go.jp/mofaj/area/takeshima/index.html)에서는 독도가 17세기 이후 자국 영토에 편입되었던 시기에 대한 역사적 사실들을 설명하면서 불법 점령당하였다는 내용으로 구성하였다. 이를 접하는 일본인들로 하여금 한국 해양수산부 사이트에서 독도가 예부터 한국 영토였다는 역사적 사실을 조금도 볼 수 없는 것을 이용하여 자국의 외무성 사이트에 나타난 주장을 판단 근거로 삼아 일본 영토로 생각하도록 구성되어 있는 것이다.

그리고 4월 말 일본의 해양탐사선 철수로 독도 문제가 일단락되자 야후 포털사이트에서는 일본 외무성 사이트와 한국 해양수산부의 일본어 설명 사이트로 구성되어 있던 틀을 순식간에 바꾸었다. 이 사이트는 화면 하단 쪽에 해양수산부를 포함한 우리나라의 여러 사이트를 함께 두고, 해양수산부 사이트도 한글로 구성된 메인 화면으로 바꾸어 놓았다. 즉, 일본에서는 우리나라 정부 기관의 홈페이지 정보까지 모두 철저히 파악하여 독도가 주요 이슈로 된 짧은 기간에, 이에 대해 큰 관심을 갖고 인터넷에 접속한 많은 일본 네티즌들로 하여금 독도가 역사적으로 일본 영토였던 것처럼 느끼도록 그 정보를 치밀하게 전략적으로 활용하는 능력을 보여 주었던 것이다.[189]

189) 필자는 당시 상황에 접하여 2006년 4월 20일에 참여마당 신문고를 통해 해양수산부에 '해양수산부의 일본어로 된 독도 안내문에 조속히 독도의 역사에 대한 내용을 추가 바랍니다' 라는 제목으로 공개 제안(제안 신청 번호 1AB-0604-001969)을 하였다. 그러나 제안 후 얼마 지나지 않아 일본 정부가 해양탐사선을 철수하면서 상황 종료와 더불어 순식간에 해당 사이트가 다르게 바뀌었고, 이에 따라 필자가 밝혔던 제안 이유를 알 수 없는 해양수산부에서는 여전히 우리 독도의 역사에 대한 설명을 뺀 채, 독도의 일반 현황과 행정 현황만을 그대로 현재까지 홈페이지에 싣고 있다. 그 결과 현재까지도 야후 포털의 바뀐 틀 속에서 해양수산부의 해당 사이트가 일본에 이용당하고 있는 상황이어서 필자로서는 안타깝기 그지없다. 즉, 일본 야후 포털의 독도 현안 사이트(http://dailynews.yahoo.co.jp/fc/world/takeshima/)에서는 관련사이트(關連サイト) 항목에 첫 번째로 일본 外務省 사이트(http://www.mofa.go.jp/mofaj/area/takeshima/index.html)를 두고, 그 밑으로 시마네켄(http://www.pref.shimane.jp/section/takesima/top.html)과 타나카쿠니타카(田中邦貴)라는 회사원의 개인 홈페이지 사이트(http://www.geocities.jp/tanaka_kunitaka/takeshima/)를 각각 둔 후 네 번째에 한국해양수산부 사이트(http://www.momaf.go.kr/japan/index.asp)를 연결해 두고, 그 아래로 기타 다른 일본 사이트들을 연결해 두었다. 독도가 역사적으로 일본 영토라는 일본 정부 주장을 한결같이 지지하고 있는 이들 일본인 사이트 속에서, 역사적으로 한국 영토였던 사실에 대한 설명이 없는 해양수산부의 독도 설명 사이트는 이들 일본 정부의 주장을 뒷받침하는 자료로 이용당하고 있는 상태인 것을 볼 수 있다. 참고로 2006년 4월 21일 세종대 교수인 호사카유지는 독도 탐사의 본질을 정확히 파악하여 청와대에 특별기고문(일본 해양 탐사 계획의 역사적 본질)을 보낸 바 있다.

10

용어 선정에 신중한 일본 사회

일본은 카마쿠라(鎌倉)시대[190]부터 에도(江戸)시대[191]에 이르는 오랜 기간동안 최고 통치권자인 쇼오군(將軍)의 지배 아래 무인이 통치해 온 군사국가였으며, 뒤이어 에도정권을 무너뜨리고 등장한 제국인 메이지(明治)정권 역시 이전의 군사 전통을 그대로 계승한 국가였다.[192]

190) 대개 미나모토 요리토모(源賴朝)가 타이라(平) 가문을 멸망시키고 권력을 장악한 1185년부터 호오죠오타카토키(北條高時)가 멸망한 1333년까지에 이르는 약 150년간을 말함. 시작 시기에 관해서는 요리토모가 거병한 1180년이나 세이이타이쇼오군(征夷大將軍)이 된 1192년 등 여러 설이 있다.

191) 토쿠가와 이에야스(德川家康)가 집권하여 에도를 본거지로 삼은 무인정권시대로, 이에야스가 1603년 征夷大將軍에 임명된 이래 明治 정권과의 전쟁에서 패하여 붕괴되던 1868년까지 15대에 걸쳐 260여 년간 계속되었다.

192) 이러한 역사적 배경에 따라 현대 일본 사회의 성격을 이해하기 위해서는 특히 정권 유지에 필수적인 정보력과 철저한 통제체제를 통해 일본 역사에서 유례없는 260여 년간의 장기집권을 하면서 군사 문화 전통을 유지하였던 에도시대와 이를 무력으로 무너뜨리고 성립한 메이지시대를 제대로 파악하는 것이 중요하다.

　이러한 역사적 배경 속에서 용어는 매우 중요한 전략적 수단이 되었으므로 당연히 그 선정에 신중을 기하였던 것을 역사에서 볼 수 있으며, 오늘날에도 예외 없이 적용되고 있다. 그 몇 가지 예를 통해 일본 사회에 뿌리내린 용어 정책의 일단을 살펴보도록 한다.

　불교국가였던 에도정권을 무너뜨린 뒤 신토(神道)를 국교로 삼고자 한 메이지정부[193)]는 우선 신토에서 불교의 제 요소를 제거하기 위해 신부쯔분리(神佛分離)[194)] 정책을 실시한 후 뒤이어 불교를 없애기 위해 하이부쯔키샤쿠(廢佛毁釋)[195)] 정책을 전개하였고, 더불어 기독교 금지 정책을 시행했다. 그러나 이는 곧바로 막강한 군사력을 지녔던 서양 열강의 강한 항의에 직면하였으므로, 메이지정부는 이

---

193) 메이지정부는 고대 국가 시대에 설치되었던 나라의 제사와 神社 행정을 담당하였던 관청인 진기칸(神祇官)을 다시 설치하는 포고를 1868년 3월에 발포(發布)하며, 神道를 국교로 한 제정일치의 왕정복고를 지향하였다. 김성도·片桐正夫, '19세기 일본 불교 건축의 특성 연구 – 수도권 일원 사찰의 불전 건축 의장을 중심으로', 대한건축학회논문집(계획계), 22권 7호, 2006. 7. p.166

194) 神祇事務局에서는 1868년 3월 17일 전국의 제 神社에 社僧 금지 명령을 내리고, 神社의 別當과 社僧에게 모두 환속할 것과 僧位僧官을 반납하고 정부의 통지를 기다리도록 하여 神社에 소속한 승려가 환속하도록 하였다. 이어 28일에는 神佛判然令을 포고하여 權現, 明神, 菩薩 등의 佛號에 관련시킨 神號를 폐지하도록 명하였으며 또 兩部神社에 대해 本地인 불상을 제거하고, 일체의 佛具를 神社 내에 두는 것을 금했다. 다음 달 4월 24일에는 太政官 지시로 本地垂迹說에 의한 菩薩號 폐지를 결정하였고, 石淸水, 宇佐, 筥崎 등의 諸社에서 八幡大菩薩이란 칭호를 폐지하였다. 이후 1871년 5월에는 종래 京都의 왕궁 안에 있던 佛像과 佛具를 모두 다른 곳에 옮겼고, 궁중의 장례도 神祇 제사 형식으로 바꾸었다. 이와 관련해서는 雲藤義道, 앞의 책, p.22-24와 櫻井匡, 《明治宗敎史硏究》, 春秋社, 1971, p.22-26 및 앞의 논문 참조

195) 메이지 초기 神道國敎化 정책에 의거하여 정부 주도 아래 전국에서 시행한 불교 말살 운동

에 저촉되지 않으면서 기독교 유입 금지와 신토 국교화 두 가지 목적을 모두 취할 수 있는 방안을 찾아야 하였다.

이에 따라 에도시대 이래로 기독교 유입을 막아왔던 불교계 역할이 계속되도록 불교 말살 정책을 바꾸어 불교를 용인하면서,[196] 한편으로는 오스트리아에서 초빙한 법률학자 스타인의 조언을 받아 종교인 신토를 종교가 아닌 것으로 외부 세계에 주장하여 국가적 보호를 받는 실질적인 신토 국교화를 수행[197]한 것을 볼 수 있다.

이와 함께 용어 개정 작업도 병행하여 예부터 불교 사찰과 일본 전통 종교인 진쟈를 함께 칭할 때 지샤(寺社)라 하여 사찰(寺)을 앞에 두어 불교를 높였던 것을, 메이지시대부터는 샤지(社寺)로 바꿔 진쟈(神社)를 뜻하는 샤(社)를 앞에 두어 신토(神道)를 높였다. 이 용어는 현재 그대로 굳어졌다.

이처럼 어순에 따라 서열을 나타내는 방법 외에도 차별화된 용어를 선택적으로 적용하여 서열을 나타내기도 한다.

현재 일본 매스컴에서는 카톨릭 교회의 최고 수장인 로마교황(Pope)을 호오오오(法王)라고 칭하며 과거에 사용하던 쿄오코오(敎皇)란 용어를 더 이상 사용하지 않고 있는데,[198] 이를 통해 황(皇)보다 아래인 왕(王)이라는 용어를 통해 일왕인 덴노오(天皇)를 교황보다 높이기 위한 정책이 최근 표면화된 것을 볼 수 있다.

때로 용어 정책은 홍보 전략과 결합하여 위기에 대응하여 경제적 어려움을 타파하는 수단으로 활용되는 것도 볼 수 있다.

---

196) 김성도·片桐正夫, 앞의 논문, p.167
197) 戸頃重基, ‘近代日本の宗敎とナショナリズム’, 富山房, 1966, p.7-8 참조
198) 현재 TV와 신문 등 모든 매스컴에서 法王으로 칭하는 것을 볼 수 있다.

장기간에 걸친 경제 불황으로 일본 내 땅 값이 폭락하고 악성 채무가 급증하면서 심화된 금융 위기에 대처하기 위해 킨유우쵸오(金融廳)에서는 공적자금 투입과 파산처리 등을 담당할 금융위기대응실을 발족하였는데, 그 이름을 2005년 1월에 신용기구대응실로 바꿨다.[199] 표면적으로는 대형 은행 등의 불량채권처리가 큰 고비를 넘겼으므로, 평시모드로 조직 이름을 바꾼다는 이유를 들고 있다. 그러나 앞서 살펴보았듯이[200] 소속 자치단체에 속하던 감독권을 킨유우쵸오(金融廳)가 모두 환수할 정도로 일본의 지역 은행이나 신용금고와 신용조합의 위기가 심각한 상황이다. 이러한 어려운 상황을 맞아 위기를 불러올 수 있는 가능성을 최소화하도록 기구의 이름을 바꾸는 것은 물론 매스컴을 통해 주요 대형 은행의 불량채권 비율이 감소되었음을 대대적으로 알리는 홍보 전략을 통해 대내외적 위기를 진정시키고, 내부적 안정을 이루는 목표를 달성하고 있음을 볼 수 있다.

정부 역할을 되돌아보게 하고, 용어와 홍보 전략의 중요성을 새삼 깨닫게 하는 것으로서, 우리나라 환경부에 해당하는 일본의 칸쿄오쇼오(環境省)가 실시한 '블랙 일루미네이션 2005 행사'에 관한 기사[201]를 들 수 있겠다. 2005년 6월 19일 일본 칸쿄오쇼오에서는 전

---

199) 〈共同通信〉 기사(金融危機の名称消える 不良債權處理峠越え, 2005. 7. 1) 참조할 것

200) p.51~53 참조할 것

201) 〈조선일보〉 기사(일본열도, 불 끄니 ★천지, 2005 .8. 12) 참조할 것. 참고로 우리나라 환경부에 해당하는 일본의 칸쿄오쇼오(環境省)는 2003년부터 하지 때를 중심으로 CO_2 삭감 라이트다운 캠페인을 실시하고 있으며, 금년 2006년에는 6월 17일부터 21일까지 5일간 실시하였다. 이에 대해서는 http://www.gov-online.go.jp/week/

국에 걸쳐 불을 끄는 행사를 진행하였다. 이 시기 파나소닉과 내셔널 등의 유명 상표를 소유한 기업인 마쯔시타(松下)전기는 이러한 정부 정책을 활용하여 기업의 환경 이미지 개선 효과가 광고 효과보다 더 클 것이라는 이유를 들어 7월 21일부터 9월 30일까지 72일 동안 광고물 네온사인 소등을 시행하였다. 그러면서 72일간의 소등 효과로서 전력량 80만kW 절약, 이산화탄소 80t 감소(50년생 삼나무 5,650그루가 1년 동안 흡수하는 양) 등 환경 개선 효과에 대한 설명을 덧붙여 환경 분야로 독자의 관심을 유도하고 있다. 이 내용을 소개하던 기자는 말미에 일본에서 행해지는 이들 다양한 소등 조치가 불황 때문이 아니라 일본의 도시 만들기 철학이 환경 우선으로 기울었기 때문이라고 결론짓고 있다.[202]

　이미 살펴보았듯이, 일본은 장기간 불황 속에 국채 급증은 물론 개인의 생활이 극도로 힘들어진 경제 상황을 맞고 있는데, 정부와 기업이 철저히 보조를 맞추며 주가 폭락과 같은 사회 위기 상황이 발

---

backnumber/theme_20060618/black_illumination.html 참조

202) 이들 소등 조치를 하게 된 주요 이유 중 하나가 오랜 불황임에도, 일본에서는 대외신용도 및 국가 이미지 등을 고려하여 환경 운동 등 긍정적 이미지만 전달되도록 하고 있다. 또한 소등 조치 이유가 불황 때문이 아니라고 〈조선일보〉 기자가 밝힌 내용(앞의 기사 참조)은 일본에서 실제 말하고 싶었을 내용이었겠지만, 불황의 원인을 역설적으로 밝히게 되므로 이를 일본 자신이 아닌 다른 나라 매스컴을 활용함으로써 긍정적 이미지를 효과적으로 전달하는 고도의 홍보 전략을 편 것을 볼 수 있다. 이외에도 최근 필자가 겪은 일로서, 나라(奈良)문화재연구소에서 일제강점기를 중심으로 한일 두 나라 문화재에 대한 심포지엄이 개최(2006년 7월 8일)되어 참가하였을 때, 일본 측에서는 일본인이 아닌 한국인 연구자를 내세워서 조선총독부 기관지였던 〈매일신보〉 기사를 중심으로 당시 우리나라 문화재에 대해 일본이 행했던 행위의 배경을 합리화하려는 의도가 있어서 이를 조목조목 반박한 바 있는데, 이러한 예들은 우리가 왜 일본 사회를 제대로 파악하여야 하는지를 알려준다.

생되지 않도록 면밀한 용어와 고도의 홍보 전략으로 대처하고 있는 것을 볼 수 있다.

2005년 겨울, 경제 강의를 들을 때 국가 경제를 '쌍끌이 어선'에 비유하는 것을 들었다. 한 국가의 경제는 내수시장과 대외수출의 두 축에 의해 이끌어지는 것을 비유한 것으로, 경제가 지탱되기 위해서는 어느 한쪽이라도 제대로 유지되어야 한다는 뜻이었다.

이 책 본문에서 일본 경제와 사회는 오랜 불황으로 매우 힘든 길을 지나왔고, 현재도 진행형이며, 앞으로도 상당 기간 그럴 수밖에 없는 이유 등에 대하여 구체적인 일본 자료 분석을 통해 알 수 있었다.

국채 급증, 심각한 재정 적자 상황에 직면한 상당수 지방자치단체, 그 속에서 심각한 재정 문제에 처한 지역 은행, 장기 불황을 무시한 채 곳곳에서 무리하게 시행된 대규모 재개발사업 등 일본에서 발행되는 온갖 지표에서 위기의 징후를 보았고, 정부와 기업을 포함하여 사회 전반에서 진행되고 있는 대대적인 민영화와 구조조정에서 그 다급함을 파악할 수 있었다.

그런데 2005년 후반부터 일본 경제와 사회가 활력을 되찾았다는 많은 보도를 접할 수 있다. 일본의 치밀한 정보력, 신중한 용어 선택 및 고도의 홍보 정책을 바탕으로 철저한 사회 내부 통제력 등을 통해 내수시장 붕괴를 막아 오는 동안에 대외수출 호조를 이끌어 내어 고비를 넘긴 결과라고 하겠다.

현재 일본에서는 은행에 저축할 경우 이자가 거의 없는 제로(Zero) 금리를 유지하고 있으며, 최근 이를 계속 유지하는 것으로 결정하였다. 그런데 다른 한편에서 이러한 제로 금리를 끝낼 때라는 주장이 실리고 있는데 귀 기울일 필요성이 있다. 급증하는 국채 문제에 직면하여 금리를 높여 일본 통화인 엔화의 가치를 낮춤으로써, 이것이 국채를 줄일 수 있는 해결책이 되기 때문이다. 국채 최대 매수 기관으로서 막대한 국채를 보유하고 있는 유우세이코오샤(郵政公社)를, 국회를 해산하면서까지 민영화한 정책 결정 역시 이와 무관하지 않다고 하겠다. 일본 경제가 장기불황에서 완전히 벗어났다는 선언에도 불구하고 엔화의 국제적 가치가 지속적으로 떨어지고 있는 상황

또한 이와 관련성이 있다.

21세기 정보화시대를 살아가는 우리는 과연 현대 일본을 객관적 시각에서 제대로 이해하고 있는지 반문하게 된다.

일본에서는 에도시대 이래로 민중에 대해 철저히 수집한 정보를 바탕으로 한 통치 정책을 수행하여 왔다. 이 전통은 오늘날까지 그대로 이어져 정보 수집과 분석이 철저히 이루어지고 있으므로, 이러한 자료를 엄밀히 분석하면 보다 정확하게 현대 일본 경제와 사회를 바라볼 수 있다. 일본에서 작성된 기초 자료 수집과 분석에 아낌없는 노력이 필요한 때이다.